FRUTIFICAÇÃO

PASSO QUATRO

SÉRIE DE FUNDAMENTOS DO DISCIPULADO

DR. HENDRIK J. VORSTER

(MANUAL DO ALUNO)

Série de Fundamentos do Discipulado
Passo Quatro
Frutificação
(Manual do Aluno)
por Dr. Hendrik J. Vorster

Um guia prático de liderança para discipular os que produzem frutos.

Além deste manual, você também precisará dos seguintes itens para completar o seu estudo:

A Nova Versão Internacional da Bíblia.
Uma caneta ou lápis para escrever as respostas.
Lápis coloridos (vermelho, azul, verde e amarelo).

Para mais cópias e informações, por favor visite nosso site:
www:churchplantinginstitute.com
ou conecte-se conosco em: resources@chrchplantinginstitute.com

O Church Planting Doctor e o Church Planting Institute são ministérios registrados do Cornerstone Ministries International.

ISBN 978-1-957626–19-2

CONTEÚDO

Agradecimentos v
Série de Fundamentos do Discipulado vii
Introdução ix

1. CAMINHE COM UM PROPÓSITO 1
Definição de *propósito* 2

2. CONSTRUA RELACIONAMENTOS COM PROPÓSITOS 6
O Senhor Jesus nos deu o exemplo 7
Jesus começou Seu ministério ministrando a "homens de valor". 7
Jesus chama Pedro, André, Tiago e João para segui-Lo 8
Jesus chama Levi para segui-Lo 9
Jesus ensinou a seus discípulos o princípio de começar com homens e mulheres "de valor". 10
A definição de uma pessoa de valor. 10
O Apóstolo Paulo praticou isso em seu ministério de implantação de Igrejas. 13
Priscila e Áquila 14
O Apóstolo Paulo também transmitiu este princípio a Timóteo. 14
Podemos encontrar essas "pessoas de valor" principalmente em duas áreas: 16
Jejue e ore antes de chamar "homens de valor" para serem seus discípulos. 16

3. ORE COM EFICÁCIA 19
Funções Principais 20
Melquisedeque 21
O Sacerdócio de Aarão 21
Funções de um sacerdote 22
Santificação do Santuário 24
Conclusão 27

4. CUIDE COM COMPAIXÃO 30
Compaixão 31
Cuidado 34
Consideração Final 37

5. CAMINHE COM DIGNIDADE 38
Somos embaixadores de Cristo! 38
Definição de "caminhar" 40
Embaixadores de Cristo 40
Nossa "caminhada" tem um impacto direto em nossa capacidade de alcançar as pessoas para Cristo. 44

6. CAMINHE COM DIGNIDADE 48
Conduzidos pelo Espírito de Deus 49
Grandes coisas vêm do empoderamento do Espírito de Deus. 55
1. Conheça a voz do Espírito Santo 56
2. Mensagens 56
3. Missões 58
4. Ativando alguns Dons ou Graça. 58
5. Poder e Presença do Espírito Santo 59
6. A Obra do Espírito Santo 61

7. PRATIQUE A HOSPITALIDADE 64
Hospedando anjos 65
Este tipo de hospitalidade requer que hospedemos estranhos. 66
Três pontos ficam evidentes para mim nessa passagem: 67
A hospitalidade está, em resumo, definida dentro destas poucas instruções das Escrituras: 68
Quais são algumas outras formas práticas de nos tornarmos mais hospitaleiros? 69
Conclusão 71

Notas 75
Outros Livros do Dr. Hendrik J Vorster 77

AGRADECIMENTOS

Agradeço ao Senhor por uma equipe incrível de colaboradores dedicados, sem os quais este material não teria sido possível. Quero agradecer especialmente à minha família e particularmente à minha esposa Úrsula, pelo seu apoio incondicional e por me permitir cumprir o chamado de Deus.

Obrigado a Gerhard e Lise Van Niekerk que dirigem nosso escritório sul-africano e administram o processo para que todo o material escrito fosse editado e formatado para publicação. Somados às incansáveis horas de trabalho de Florinda Daniel de formatar toda a tradução, eles supervisionaram a impressão e distribuição de materiais para uso em todo o mundo.

Quero agradecer a todos os nossos parceiros que acreditaram em mim o suficiente para apoiar e garantir as numerosas traduções, impressão de recursos, filmagem de todo o material, locução, pós-produção e distribuição. Obrigado a todos.

Também quero expressar minha mais profunda e sincera gratidão a todos os líderes que me permitiram testar o material em campo e caminhar ao seu lado, ver suas igrejas e movimentos crescerem e se expandirem, tal como são hoje. Foi um privilégio para mim.

Quero agradecer ao Senhor por me confiar esse chamado para equipar Sua Igreja.

Dr. Hendrik Vorster

SÉRIE DE FUNDAMENTOS DO DISCIPULADO

PASSO QUATRO- FRUTIFICAÇÃO

Efésios 4:12, grifo do autor. "**Com o fim de preparar os santos para a obra do ministério**, para que o corpo de Cristo seja edificado".

INTRODUÇÃO

A ***quarta fase do discipulado*** trata de darmos ***frutos duradouros*** através da ***prática consistente*** do que aprendemos e de ***vivermos uma vida de amor, que vale a pena ser seguida,*** *e de* ***pastorearmos aqueles que nos são confiados aos nossos cuidados.***

Esta etapa tem tudo a ver com a produção de frutos através da aplicação das experiências aprendidas e da descoberta e utilização de dons. Fico sempre entusiasmado com esta etapa, pois é sempre fantástico discipular obreiros obedientes.

O que ***diferencia as duas próximas etapas das anteriores da série de Fundamentos do Discipulado*** *é que* ***estas duas o ajudarão a desbloquear as suas habilidades de liderança,*** vão ***aguçar*** o seu ***foco intencional*** para manter-se no curso com o propósito de Deus em sua vida, e ***estabelecerão luzes de alerta*** que o ***manterão no curso para uma vida frutífera e multiplicadora.***

Jesus ensinou sobre a ***importância de colocar a Palavra em prática*** em várias ocasiões. Devemos ter essa mesma expectativa em nossos corações em relação aos nossos Discípulos.

Mateus 7:24, grifo do autor. "Portanto, **quem ouve estas**

minhas palavras e as pratica é como um homem prudente que construiu a sua casa sobre a rocha".

Lucas 8:21, grifo do autor."Ele lhe respondeu: 'Minha mãe e meus irmãos são **aqueles que ouvem a palavra de Deus e a praticam**".

Nesta altura da jornada seus discípulos já são seguidores mais maduros e diligentes do Senhor Jesus. Eles são responsáveis em sua caminhada perante Deus e diante dos homens. Nosso papel é levá-los a se tornarem líderes com propósitos, e para tanto, abordaremos as seguintes áreas enquanto caminhamos com eles e asseguramos que põem em prática a Palavra de Deus.

Nota do Discipulador

Como discipuladores, nosso propósito é facilitar maneiras pelas quais nossos discípulos possam colocar em prática aquilo que compartilhamos. Este processo é marcado por continuarmos a compartilhar a Palavra de Deus em suas vidas, mas então, em vez de instruí-los sobre como colocá-la em prática, exigimos que eles comecem a agir e que compartilhem conosco as maneiras pelas quais eles antecipam colocá-las em prática.

Esse processo é considerado bem-sucedido quando eles nos fornecem, regularmente, feedback voluntário e espontâneo. É na medida em que eles nos dão feedback e compartilham conosco, que sabemos com segurança, que eles estão crescendo e amadurecendo. Um dos sinais de maturidade é a prática de uma resposta voluntária.

1 Pedro:3-15, grifo do autor."Antes, santifiquem Cristo como Senhor em seu coração. **Estejam sempre preparados para responder a qualquer pessoa que lhes pedir a razão da esperança que há em vocês.**"

Seus discípulos completarão os passos relativos à ação, ao final de cada reunião. Reservem um tempo durante o encontro, para revisar as atividades e os passos que eles tomaram como resultado de seu último encontro. Como uma forma de ouvir "como eles estão se saindo" Determine quais passos dar para garantir que eles "***observem tudo***" que foi aprendido na Palavra.

O êxito de nossa missão foi determinado pelo Senhor Jesus, uma vez que Ele nos ordenou: "***ensine-os a obedecer [observar] tudo o que eu lhes ensinei***". A medida em que os vemos observar voluntariamente aquilo que lhes ensinamos, é a medida em que se tornaram verdadeiros seguidores de Jesus Cristo.

1

CAMINHE COM UM PROPÓSITO

E*ncontrar o seu propósito e viver o Propósito para o qual Deus o criou, é o que há de mais gratificante nesta terra.* Romanos 8, versículo 28 diz que fomos "*chamados para um* ________". Esse propósito é tornar Seu Nome conhecido e fazer as coisas que Deus planejou que fizéssemos.

> *Romanos 8:28, grifo do autor.*"Sabemos que Deus age em todas as coisas para o bem daqueles que o amam, dos que foram **chamados de acordo com o seu propósito.**"

Todos nós temos um profundo desejo de que tudo corra bem, independentemente do que estamos enfrentando ou passando. É neste exato momento que abraçamos essa Escritura como uma promessa para nós. Entretanto, mais adiante, vemos o esclarecimento da condição para todos aqueles que disserem "*sim*" "*________que O amam*". O esclarecimento desta condição determina que as coisas funcionarão para o bem daqueles que "*foram chamados de acordo com Seu* ________". Alguns crentes geralmente não se veem como "*chamados*". A maioria dos crentes realmente pensa que isso se refere a pastores e outros líderes cristãos mais proeminentes, no entanto, no que se refere ao que você mesmo incluiu na promessa e ao esclarecimento inicial de ser alguém que ***O ama,*** você se inclui como alguém que ***"foi chamado de acordo com Seu propósito".***

Definição de *propósito*

A definição da palavra *propósito* no dicionário online Merriam-Webster é:

1 a: algo estabelecido como um objetivo ou fim a ser alcançado: INTENÇÃO

b: RESOLUÇÃO, DETERMINAÇÃO

2 : um assunto em discussão ou uma ação em curso de execução[1].

Uma **frase-chave** que pode **descrever melhor como devemos caminhar** e ***cumprir nosso propósito*** pode ser: ***"viver intencionalmente, com resolução determinada".***

Na etapa anterior da série Fundamentos do Discipulado, descobrimos e desenvolvemos nossos dons e várias habilidades com o propósito de utilizá-los. Em certo sentido, esta "***descoberta***" dos nossos dons e habilidades é um despertar para desvendar e descobrir a unção e o propósito que Deus colocou em nossas vidas para fazer avançar Seu Reino.

Ao entendermos os dons que Ele colocou em nós, e descobrirmos a forma como Ele nos ungiu, entendemos o nosso propósito, ou o que ele é realmente é: O Propósito de Deus para nossas vidas. Acredito que Deus preparou coisas para fazermos. Ele nos criou para fazermos as coisas para as quais Ele nos dotou.

> ***Efésios 2:10**, grifo do autor*"Porque somos criação de Deus realizada em Cristo Jesus **para fazermos boas obras, as quais Deus preparou antes para nós as praticarmos**".

Nossa maturidade é determinada tanto por nossa ***disposição*** e ________ para servir o propósito e a vontade de Deus, quanto por ***nossa aceitação da*** ____________ pelo resultado que desejamos.

O que fazer para caminhar com um propósito?

- Descubra seus dons espirituais. Conheça e entenda como Deus o ungiu.
- Comprometa-se a buscar ativamente maneiras pelas quais você possa ser usado por Deus para edificar a igreja. Use os seus dons em diversas situações.
- Permaneça focado e intencional em fluir no poder do Espírito Santo.
- Procure formas de edificar as pessoas, especialmente por meio do poder do Espírito Santo.
- Nosso propósito principal é buscar e salvar os perdidos.
- Vivemos para adorar a Deus, em canções, na vida e através de nosso exemplo.
- Também vivemos para colocar em prática os dons e talentos que Ele nos deu.

Oro para que possamos mostrar a nossa maturidade em Cristo pelo uso constante do que Deus construiu dentro de nós.

> ***Hebreus 5:14**, grifo do autor.* "Mas o alimento sólido é **para os adultos, os quais, pelo exercício constante, tornaram-se aptos** para discernir tanto o bem quanto o mal".

Passos para a Ação

1. Liste os três dons mais proeminentes.

___

___

___

2. Cite três oportunidades de usar seus dons para edificar a igreja. Comprometo-me a:

___

___

___

3. Compartilhe uma maneira em que você experimentou como o Espírito Santo o usou durante a última semana.

___

___

___

4. Testemunhe como você presenciou os dons em operação na sua vida esta semana.

___

___

___

5. Em que circunstâncias você experimentou um mover maior do Espírito Santo na sua vida esta semana?

___

___

___

. . .

6. De que maneira você foi mais eficaz buscando e **salvando os perdidos?**

____

____

____

7. De que forma você praticou o "uso constante" (dos dons) em sua vida esta semana?

____

____

____

2

CONSTRUA RELACIONAMENTOS COM PROPÓSITOS

A **segunda área** em que nos concentraremos é em manter nossos discípulos focados na ***construção de relacionamentos com propósitos***. É importante manter seus discípulos **constantemente focados,** e uma das áreas principais que devemos mantê-los focados é em almas, mais especificamente em encontrar os "***homens e mulheres de mais valor***" que possam fazer avançar o Reino de Deus. Precisamos alcançar os perdidos, independentemente do custo.

John Maxwell diz: "***Tudo diz respeito à liderança***".

Já eu, modestamente digo, que para se "***fazer uma Igreja saudável tudo diz respeito a quanto somos eficazes em fazer*** _____". A qualidade dos ***discípulos que fazemos***, **determinará o impacto que suas** vidas terão sobre os que estão ao seu redor.

A nossa capacidade de ***fazer discípulos*** nos dirá a medida em que a ***nossa igreja vai crescer*** de forma saudável.

Discípulos são aqueles homens e mulheres nos quais a nossa Paz encontra descanso em seus corações.

Sabemos que **encontramos um discípulo** quando ele, **por sua livre vontade,** ***expressa o desejo*** de que o ***ajudemos a crescer*** em sua fé, porém, mesmo assim, **sejamos sábios** em **quem discipulamos.** ***Devemos construir a equipe mais ______que formos capazes de liderar*** para o Senhor Jesus.

O Senhor Jesus nos deu o exemplo

O Senhor **Jesus nos deu o exemplo quando Ele começou Seu ministério** terreno, ***pelas pessoas que Ele escolheu*** para serem Seus discípulos. ***Ele escolheu homens de valor*** para discipular. Mesmo tendo Jesus declarado em Lucas 4, versículo 18 que o ***"O Espírito do Senhor está sobre mim, porque ele me ungiu para pregar boas novas aos pobres"***, Ele não começou Seu ministério com os pobres, Ele começou Seu ministério com "homens de valor".

Jesus começou Seu ministério ministrando a "homens de valor".

Vemos a estratégia de Jesus, claramente modelada para nós, no Evangelho de Lucas. Um dia, Ele estava pregando para multidões de pessoas às margens do lago de Genesaré, conforme a Bíblia nos ensina no capítulo cinco de Lucas.

> *Lucas 5:1* "Certo dia Jesus estava perto do lago de Genesaré, e uma multidão o comprimia de todos os lados para **ouvir a palavra de Deus.**"

Enquanto pregava, Ele viu à beira da água dois barcos, e entrou no que "***pertencia***" a Simão Pedro. Ele entrou na água apenas o suficiente para que todos pudessem ouvi-Lo e vê-Lo, e Ele continuou a ensinar ao povo.

> *Lucas 5:3, grifo do autor*"**Entrou num dos barcos, o que ________ a Simão**, e pediu-lhe que o afastasse um

pouco da praia. Então sentou-se, e do barco ensinava o povo".

Quando Jesus terminou de falar à multidão, Ele pediu a Simão Pedro para "***ir até as águas profundas, e lançar suas redes para pescar***."

Lucas 5:4, grifo do autor "Tendo acabado de falar, disse a Simão: 'Vá para onde as águas são mais fundas", e a todos: "Lancem as redes para a pesca".

Pedro foi resistente no início, já que eles haviam passado a noite inteira nas águas sem sucesso, mas por insistência de Jesus ele concordou e lançou novamente suas redes. O que se seguiu foi incrível, Pedro puxou um cardume de peixes tão grande que tiveram que chamar ***seus companheiros*** no outro barco para ajudar a trazer os peixes.

Pedro ficou maravilhado, ao perceber que ele acabara de observar um milagre. Ele caiu aos pés de Jesus e implorou por Seu perdão.

Lucas 5:8-9, grifo do autor "Quando Simão Pedro viu isso, prostrou-se aos pés de Jesus e disse: '**Afasta-te de mim, Senhor, porque sou um homem pecador!**' Pois **ele e todos os seus companheiros estavam perplexos** com a pesca que haviam feito"

Jesus chama Pedro, André, Tiago e João para segui-Lo

Foi nesta circunstância que Jesus chamou esses pescadores para segui-Lo. Veja, **Pedro não era apenas um pescador**, não, **ele era o proprietário de um barco de pesca**, e se lermos toda a perícope, vemos que **ele tinha uma tripulação**, chamada na Bíblia de "**companheiros**", assim como Tiago e João.

Lucas 5:9-11, grifo do autor "Pois ele e todos os seus companheiros estavam perplexos com a pesca que

> haviam feito, como também Tiago e João, os filhos de Zebedeu, sócios de Simão. Jesus disse a Simão: **'Não tenha medo; de agora em diante você será pescador de homens'.Eles então** arrastaram seus barcos para a praia, **deixaram tudo e o seguiram".**

Pense nisso por um momento. "***Quantas pessoas você conhece que possuem seu próprio barco?***" Não muitas, eu acho. Por quê? A resposta é simples: "***barcos são caros***". Consegue imaginar possuir um barco dois mil anos atrás? Acho que podemos concordar que os primeiros discípulos eram verdadeiramente "***homens de valor***".

Jesus chama Levi para segui-Lo

O Evangelho de Lucas também nos diz que Jesus passou então pela coletoria de impostos de Levi e o chamou para que O seguisse.

> *Lucas 5:27-28, grifo do autor*"Depois disso, Jesus saiu e viu um publicano chamado Levi, sentado na coletoria, e disse-lhe: **'Siga-me'. Levi levantou-se, deixou tudo e o seguiu".**

Naqueles dias, os cobradores de impostos eram considerados umas das pessoas mais ricas da região, não necessariamente honestas, mas de fato ricas. Eram como os banqueiros, que nadavam em dinheiro. ***Levi era um "homem de valor"***.

Sabemos por Colossenses 4, versículo 14 que ***Lucas era médico***. Um médico é considerado como uma "***pessoa de valor***" em nossos dias. Quanto valor você acha que lhes teria sido atribuído há 2000 anos? Sabemos também que ***Judas lidava com dinheiro***, portanto, poderíamos assumir que ele também era um homem de valor, a quem se podia confiar as finanças do Senhor.

O que podemos ver claramente, é que todos esses discípulos eram considerados homens dignos em sua época. Sendo ***pescadores comer-***

ciais, um ***coletor de impostos, um governador*** de uma província romana, um ***contador*** e um ***médico,*** todos eles eram ***"homens de*** ______***".***

Jesus ensinou a seus discípulos o princípio de começar com homens e mulheres "de valor".

Quando Jesus enviou Seus discípulos para irem pregar o Evangelho, Ele lhes deu esta mesma estratégia maravilhosa. Creio que esta estratégia nos servirá bem para encontrar os nossos discípulos.

> **Mateus 10:11-13**, *grifo do autor*"Na cidade ou povoado em que entrarem, **procurem alguém** ______ **de recebê-los**, e fiquem em sua casa até partirem.Ao entrarem na casa, saúdem-na.Se a casa for digna, que a paz de vocês repouse sobre ela; se não for, que a paz retorne para vocês."

Encontrar uma pessoa digna, *ou* ***de valor***, uma casa de paz ou uma pessoa de paz na cidade, subúrbio ou lugar ***onde Deus o chamou*** para estender Seu Reino, ***é essencial.*** É por meio dessas pessoas "de valor" que a mensagem do Evangelho avançará. Procure sempre as pessoas mais dignas que possam, que transmitam a mensagem que você lhes traz, ainda mais longe.

A definição de uma pessoa de valor.

- **São de fato pessoas de _____.**

Seu valor pode estar relacionado a sua ***substância monetária***, mas não necessariamente. As pessoas de maior valor são assim consideradas por causa dos ***cargos de liderança*** que ocupam no governo, nas empresas, nas organizações e na sociedade como um todo. Pessoas de valor são, em sua maioria, tidas como tal por devido a sua ***influência e*** suas ***conexões.*** São vistas dessa forma devido a seu ***poder de decisão.*** Sua capacidade de tomar decisões influentes, que podem potencialmente impactar milhares de pessoas, as torna dignas e poderosas.

- **Pessoas de valor são ___________.**

São ***pessoas que gostam de se envolver*** com ***gente que têm uma visão.*** A única visão que pessoas pobres têm, normalmente se relaciona ao que você tem a lhes oferecer, enquanto pessoas de valor o ***ajudarão a cumprir a visão*** que Deus lhe deu. Ao compartilhar uma visão com pessoas dignas, elas frequentemente perguntarão e oferecerão sua ajuda para que a visão se realize.

- Pessoas de valor são aquelas que ______ e **assumem responsabilidades.**

Uma das ***características marcantes de "pessoas de valor"*** é o nível de ***responsabilidades que elas assumem.*** Ficam, na verdade, bastante satisfeitas em permitir que ***a responsabilidade recaia sobre elas,*** pois sabem o que é necessário para realizar o trabalho. Seria sábio pedir a Deus por homens e mulheres "de valor" para iniciar seu novo ministério.

- **Uma "pessoa de valor" pode ser um homem, uma mulher ou um casal.**

Pessoas de valor não são definidas por seu sexo, raça ou educação. Temos exemplos de homens e mulheres que lideraram igrejas nos tempos do Novo Testamento, como uma ***Lídia*** em Filipos. ***Priscilla e Aquila*** também foram pessoas de valor na vida de Paulo.

- **Uma pessoa de valor é alguém que administra seu próprio negócio, grande ou _______, ou administra uma empresa, uma organização ou uma indústria.**

Onde quer que se vá mundo, independentemente de quão prósperas ou pobres sejam as nações, se encontrará pessoas de valor. São as pessoas que saem com fé, esperança e muita perseverança para iniciar seus pequenos negócios, onde veem uma oportunidade de atender a uma necessidade no mercado. Desde ***a compra e venda de frutas e legumes*** à beira da estrada, ou abrir uma pequena loja onde a população local possa comprar ***pão e leite,*** essas pessoas iniciam um negócio. Elas podem ser o ***mecânico*** à beira da estrada, o ***soldador*** que fabrica portões e telas de segurança, um ***construtor,*** um ***carpinteiro,*** um ***vendedor,*** até ***empresários*** mais conhecidos em empresas comerciais famosas.

Infelizmente, muitas pessoas pensam que, na ausência do último, o primeiro não conta como digno. Eu vi como a maior parte da generosidade para fazer avançar o Evangelho, vem daqueles que geralmente não eram considerados como sendo pessoas de valor. Amamos as pessoas que tomam a iniciativa, saem na fé e constroem algo que não só beneficiará a si mesmas, mas também proporcionará uma renda e segurança para as pessoas ao seu redor.

Minha insistência em encontrar pessoas de valor não deve ser simplesmente descartada como impossível dentro de sua área, vila, cidade ou nação, já que seus olhos nunca se voltaram para procurá-las. ***Há pessoas de valor em todos os*** ________. Por meio de sua perseverança e fé, elas sustentam suas próprias famílias, mas na maioria das vezes, ***tornam-se fonte de ajuda para muitas outras***, menos afortunadas do que elas. ***Estas são pessoas de valor.***

- **Uma pessoa de valor pode ser o diretor ou chefe de departamento de uma escola, faculdade ou instituição educacional.**

Na maioria dos países do mundo, aqueles que ***ocupam cargos na educação,*** são ***considerados pessoas dignas.*** Acredito que sejam algumas das ***pessoas mais influentes*** do planeta devido à sua ***posição privilegiada para influenciar*** seu público de forma imperturbável e não coerciva. Orem para que Deus os abençoe com educadores de valor para discipular.

- Uma pessoa de valor **se distingue por sua posição, reputação e _________** na comunidade.

O Apóstolo Paulo praticou isso em seu ministério de implantação de Igrejas.

O apóstolo Paulo, ***quando implantou a igreja em Filipos,*** baseou-se ***na prática deste mesmo princípio.*** Você há de se lembrar que ele tinha o "Chamado Macedônico" e foi imediatamente para aquela região para pregar a Palavra de Deus. Atos 16, versículos 12-15 nos contam esta incrível história afirmativa da aplicação deste princípio.

> *Atos 16:12:15, grifo do autor*"Dali partimos para Filipos, na Macedônia, que é colônia romana e a principal cidade daquele distrito. Ali ficamos vários dias. **No sábado** saímos da cidade e fomos para a beira do rio, onde **esperávamos encontrar um lugar de oração. Sentamo-nos e começamos a conversar com as mulheres que haviam se reunido ali.** Uma das que ouviam era uma mulher temente a Deus **chamada Lídia, _________ de tecido de púrpura,** da cidade de Tiatira. **O Senhor abriu seu coração para _________ à mensagem de Paulo.** Tendo sido batizada, bem como os de sua casa, ela nos convidou, dizendo: '**Se os senhores me consideram uma crente no Senhor, venham ficar em minha casa**'. **E nos _________".**

Vemos que foi aqui que ele conheceu uma ***"mulher de valor"*** chamada ***Lídia.*** Ela era uma ***comerciante de tecidos de púrpura.*** Vemos também que ***ela tinha autoridade,*** pois ***foi capaz de persuadi-los*** a ficarem em sua casa. Convidou-os para sua casa, onde ficaram até que a igreja fosse estabelecida.

Priscila e Áquila

Outro exemplo vem de quando *Paulo* ***plantou a igreja em Corinto.*** Ele conheceu um "***homem e uma mulher de valor***" chamados ***Priscila e Áquila.*** Áquila fazia tendas, como ele. Tendo Paulo encontrado este "casal de valor" ficou com eles, e a partir daí a Igreja cresceu.

> *Atos 18:1-3, grifo do autor*"Depois disso Paulo saiu de Atenas e foi para Corinto. **Ali, encontrou um judeu chamado Áquila**, natural do Ponto, que havia chegado recentemente da Itália **com Priscila, sua mulher**, pois Cláudio havia ordenado que todos os judeus saíssem de Roma. Paulo foi vê-los e, **uma vez que tinham a mesma profissão, ficou morando e trabalhando com eles**, pois eram fabricantes de tendas."

O Apóstolo Paulo também transmitiu este princípio a Timóteo.

Curiosamente, e mais notável para nós, é o fato de que o apóstolo Paulo deu esse mesmo conselho a seu discípulo e filho espiritual, Timóteo.

> *2 Timóteo 2:2, grifo do autor* "E as palavras que me ouviu dizer na presença de muitas testemunhas, **confie-as a homens _____ que sejam também capazes de ensinar outros.**"

Em 2 Timóteo 2, versículo 2, lemos que ele aconselhou Timóteo a "***confiar***" as coisas que aprendera "***a pessoas*** ________". Paulo o instruiu a confiar tudo o que havia aprendido e observado em Paulo a pessoas confiáveis que seriam ***capazes de*** ________ ***aos outros.***

Um dos elementos essenciais do discipulado, é começar com as pessoas certas. ***Pessoas de valor e confiáveis*** precisam ser ***nossos primeiros discípulos.*** Se realmente seguirmos o exemplo que o Senhor nos deu, nós também estabeleceremos uma obra que durará muito tempo depois de nossa partida para estarmos com o Senhor. Começar nosso ministério ***com as pessoas _______ garantirá sua fecundidade e multiplicação.***

A maioria dos pastores com quem falo ***tem o sonho*** de ter um enorme ***ministério de discipulado***, com ***filhos e filhas espirituais*** multiplicando seu trabalho, no entanto, poucos veem seus sonhos realizados pois estão cercados de pessoas do calibre errado. ***Para realizar uma visão e um sonho tão nobre, é preciso estar rodeado pelas pessoas mais valiosas*** que se possa encontrar e liderar.

Onde encontrar esses "homens de valor" para serem nossos discípulos?

Pessoas de valor estão em toda parte, mas mais ainda onde oramos intencionalmente por elas. No famoso capítulo 29 de Jeremias, aprendemos um ensinamento poderoso para praticar este princípio de encontrar e disciplinar pessoas de valor.

> *Jeremias 29:7, grifo do autor* "**Busquem a prosperidade da cidade** para a qual eu os deportei e **orem ao SENHOR em favor dela**, porque a **prosperidade de vocês depende da prosperidade dela.**"

Por meio desta Escritura aprendemos que Deus deseja que nós 1) ***busquemos a prosperidade da cidade*** para a qual Ele nos chamou, e 2) Que oremos por sua prosperidade, pois, à medida que ela prosperar, nós também prosperaremos.

Deus quer que oremos pela paz e ***prosperidade*** da aldeia, cidade e nação onde Ele nos chamou para fazer discípulos para Ele. No contexto desta perícope, significa que ***devemos orar pela prosperidade de cada negócio*** no lugar ***onde vivemos e trabalhamos.*** Descobri que quanto mais intencionais formos em nossas orações pelas empresas e líderes empresariais, Deus nos permite fazer conexões divinas com eles, e Ele começa a nos falar sobre suas circunstâncias.

Quando Jesus entrou na vida de Pedro, houve um encontro divino. ***A vida do pescador foi mudada por causa do engajamento de Jesus com ele.*** Ao caminharmos por nossos bairros e orarmos sobre e pelos negócios, também nós experimentaremos esse mesmo tipo de encontro divino. ***Ore para encontrar as pessoas mais valiosas que você puder levar a Cristo*** e ***caminhe com expectativa*** pelo tempo em que terá aquele momento divino com elas para ***levá-las a Cristo. Esses encontros divinos*** muitas vezes nos proporcionam uma ***oportunidade*** de fluir nos ***dons do Espírito Santo*** e tocar vidas de uma maneira poderosa. ***Busque a Deus*** por essas ***conexões divinas***, que ***lhe conecte*** com as pessoas mais valiosas que ***Ele preparou para você discipular***.

Podemos encontrar essas "pessoas de valor" principalmente em duas áreas:

1. **Igreja de** ______. Eles podem ser aqueles que Deus lhe dá desde o início, dentro da sua igreja atual, como foi a situação dos apóstolos Paulo e Barnabé na Igreja de Antioquia, quando o Espírito Santo os chamou para a primeira viagem missionária. Lemos esta incrível história em Atos 13, versículos 1 a 5.
2. ____________. Esses discípulos podem ser encontrados durante a partilha do Evangelho entre aqueles que vêm ao Senhor através da pregação da Palavra, como podemos ver em Atos 16, versículos 12 a 15 ou Atos 19, versículos 1 a 12. Eles podem ser aqueles homens de negócios pelos quais você ora em sua comunidade.

Jejue e ore antes de chamar "homens de valor" para serem seus discípulos.

Este processo de encontrar e escolher discípulos começa sempre com um período de ***jejum e*** ______. Jesus passou uma noite orando antes de escolher Seus discípulos. Deus escolheu Paulo e Barnabé durante um tempo de jejum e oração na igreja em Antioquia.

O processo de encontrar os seus discípulos pode levar de ***três a _______ meses***. Isso exigirá ***foco*** sério, ***diligência e eficiência***. É muito melhor começar um novo ministério com pessoas que você conduziu ao Senhor e que mostrem um forte compromisso de serem discipuladas por você, do que tentar ***"derramar vinho novo em odres velhos"***. ***Novos crentes são mais fáceis de liderar e de discipular.***

Bem, a razão para a minha leve divergência é a seguinte:

" _______ a Deus que Ele escolha os discípulos para você".

Ao invés de correr atrás de qualquer um, que não quer seguir, aprender ou colocar em prática a Palavra de Deus, ***concentre sua atenção em encontrar "seus doze".***

A Igreja de Jesus Cristo ***seria muito mais forte e maior se gastássemos nossas energias em oração*** e na ***busca sincera daqueles que Deus escolheu para nós discipularmos.***

Que possamos sempre manter a Grande Comissão perto dos nossos corações, e com sabedoria ***escolher*** e fazer os ***melhores discípulos*** que formos ***capazes de liderar.***

> ***Mateus 28:19-20**, grifo do autor*"Portanto, **vão e façam discípulos** de todas as nações, batizando-os em nome do Pai e do Filho e do Espírito Santo, **ensinando-os a obedecer a tudo** o que eu lhes ordenei. E eu estarei sempre com vocês, até o fim dos tempos."

Ao longo de seu caminho, procure e salve os perdidos, e ensine-os a observar tudo o que o Senhor lhe ensinou e lembre-se de escolher pessoas que serão capazes de ensinar aos outros.

Passos para a Ação

1. Escreva os nomes das doze pessoas mais valiosas que você conhece em sua comunidade local, que seriam capazes de ensinar outras. Antes de registrar seus nomes, considere: seu acesso a elas, sua fé e confiança para levá-las a Cristo e, finalmente, sua capacidade de discipulá-las. Agora, anote em oração esses nomes à medida que eles vierem à sua mente.

____
____
____
____
____
____
____
____
____
____
____
____

2. Ore por essas doze pessoas até que elas aceitem Cristo como Senhor.

3. Ore pela paz e prosperidade dessas pessoas de valor em seus negócios ou áreas de liderança.

4. Ore para que Deus o conecte com os discípulos que Ele escolheu para você discipular.

5. Enumere três pessoas de valor, a partir da lista acima, com quem você procurará intencionalmente construir uma relação com propósitos.

____
____
____

3

ORE COM EFICÁCIA

Sacerdócio

Durante esta fase do discipulado, daremos passos mais profundos em nossa caminhada com Deus, aprendendo o que significa ser um sacerdote bíblico, de acordo com o ***Novo Testamento***. Até agora, aprendemos e praticamos principalmente a oração pessoal, mas isso não é tudo que Deus planejou para nós em relação à oração. Deus deseja que nós sirvamos como seus "***Sacerdotes Santos***". O sacerdócio na verdade é orar efetivamente, especialmente no que diz respeito à oração pelos outros.

> *Apocalipse 1:5-6, grifo do autor*"e de Jesus Cristo, que é a testemunha fiel, o primogênito dentre os mortos e o soberano dos reis da terra. Ele nos ama e nos libertou dos nossos pecados por meio do seu sangue, e **nos constituiu** reino e _______ **para servir a seu Deus e Pai.** A ele sejam glória e poder para todo o sempre! Amém."

Funções Principais

Uma das ***principais funções de um sacerdote é interceder*** em nome de outros, especialmente aqueles confiados aos nossos cuidados espirituais.

Deus deseja que nós, como crentes, sejamos um reino de sacerdotes, um sacerdócio santo. O apóstolo Pedro disse em sua epístola pastoral que Deus deseja que sejamos "***edificados Nele***" para sermos uma casa espiritual, "***para sermos um sacerdócio santo***".

> *1 Pedro 2:4-5, grifo do autor* "**À medida que se aproximam dele**, a pedra viva — rejeitada pelos homens, mas escolhida por Deus e preciosa para ele —vocês também estão sendo utilizados como pedras vivas **na edificação de uma casa espiritual** para serem **sacerdócio santo, oferecendo sacrifícios espirituais** aceitáveis a Deus, por meio de Jesus Cristo."

> *1 Pedro 2:9, grifo do autor* "Vocês, porém, são geração eleita, **sacerdócio real**, nação santa, povo exclusivo de Deus, para anunciar as grandezas daquele que os chamou das trevas para a sua maravilhosa luz."

Este é aquele momento em nossa jornada de discipulado quando estaremos "**sendo edificados para nos tornarmos uma ______ espiritual, para sermos um sacerdócio santo**". Durante esta fase, devemos dedicar tempo para aprender a orar com mais eficácia e eficiência em favor daqueles que o Senhor deseja que alcancemos, assim como aqueles que o Senhor já nos confiou. Com este processo, desenvolvemos nossas vidas de oração para nos tornarmos um **sacerdócio santo.**

Melquisedeque

O primeiro ________ do qual tomamos conhecimento na Bíblia foi Melquisedeque. Ele também era o rei de Salém.

> *Gênesis 14:18-20, grifo do autor* "Então **Melquisedeque,** rei de Salém e **sacerdote do Deus Altíssimo,** trouxe pão e vinho e abençoou Abrão, dizendo: 'Bendito seja Abrão pelo Deus Altíssimo, Criador dos céus e da terra. E bendito seja o Deus Altíssimo que entregou seus inimigos em suas mãos'. E Abrão lhe deu o dízimo de tudo."

O que aprendemos deste primeiro encontro com um sacerdote é que ele serviu Abraão com ***pão e vinho***, simbolizando servi-lo com **comunhão**; e ***ele abençoou Abraão***; que por sua vez, ***lhe deu um décimo de tudo.***

- O sacerdote **serviu a comunhão.**
- **Abençoou o povo.**
- **Recebeu o dízimo.**

O Sacerdócio de Aarão

O segundo grande encontro de sacerdotes sobre o qual lemos na Bíblia, se refere a quando onde Deus instruiu Moisés a **separar Aarão para servir como Sacerdote**, juntamente com seus filhos.

> *Êxodo 40:12-15, grifo do autor*"**Traga Arão e seus filhos** à entrada da Tenda do Encontro e mande-os lavar-se.**Vista depois Arão com as vestes sagradas, unja-o e consagre-o** para que **me sirva como sacerdote.Traga os filhos dele** e vista-os com túnicas.**Unja-os** como você ungiu o pai deles, **para que me sirvam como sacerdotes.** A unção deles será

para um sacerdócio perpétuo, geração após geração."

Deus queria habitar entre Seu povo e, portanto, instruiu Moisés a ***construir um tabernáculo***, de acordo com o padrão que Ele lhe forneceu. Uma vez construído, Deus instruiu que Arão e seus filhos fossem separados para servi-Lo no tabernáculo como sacerdotes.

Funções de um sacerdote

As funções de um sacerdote, como aprendemos com as instruções de Moisés, são múltiplas:

- **Fornecem madeira e fogo para o altar**

> *Levítico 1:7, grifo do autor*"Então os **descendentes do sacerdote Arão acenderão o fogo do altar e arrumarão a lenha sobre o fogo.**"

Os sacerdotes mantinham o fogo do altar aceso. Da mesma forma, somos chamados a manter a chama do Evangelho acesa ao compartilhamos consistentemente as Boas Novas de Jesus aonde quer que formos.

Mantemos a _______acesa em nossas vidas, mantendo um relacionamento vibrante com Deus por meio da nossa _______ diária a Ele, lendo a Palavra, meditando e orando. Pode-se dizer que ***nossas disciplinas espirituais representam a ______*** por meio da qual ***mantemos nosso relacionamento em chamas e vivo no altar da adoração.***

O Senhor falou ao Anjo da Igreja em Laodiceia e os advertiu contra a mornidão. Nós também precisamos prestar atenção a este aviso e ***manter sempre o fogo de Deus ardendo intensamente em nossas vidas.***

> ***Apocalipse 3:15-16****, grifo do autor*"Conheço as suas obras, sei que você não é frio nem quente. Melhor seria

que você fosse frio ou quente! Assim, **porque você é morno**, não é frio nem quente, estou a ponto de vomitá-lo da minha boca."

Uma das coisas que os ***sacerdotes fazem*** é ***manter o fervor a Deus vivo***, tanto em nossas próprias vidas quanto nas vidas das pessoas ao nosso redor. Uma das maneiras pelas quais podemos ***constantemente medir*** o fervor nas vidas é por meio do nosso compromisso e perseverança na oração.

- **Eles servem no santuário e adoram no altar diariamente.**

Números 18:2, grifo do autor"Traga também os seus irmãos levitas, que pertencem à tribo de seus antepassados, para se unirem a você e o ajudarem quando **você e seus filhos ministrarem perante a tenda** que guarda as tábuas da aliança."

Números 18:5, grifo do autor"**Vocês terão a responsabilidade de cuidar do santuário e do altar**, para que não torne a cair a ira divina sobre os israelitas."

Duas coisas se sobressaem nesses dois versículos ***sobre as funções*** de um sacerdote: ***sacerdotes* ________ *ao Senhor diariamente*** e eles ______, ***assumindo todas as responsabilidades do santuário.*** Isso também serve para o modo como cuidamos do santuário que mantemos para Deus em nossas vidas.

1 Coríntios 6:19-20, grifo do autor"Acaso não sabem que o **corpo de vocês é santuário do Espírito Santo** que habita em vocês, que lhes foi dado por Deus, e que vocês não são de si mesmos? Vocês foram comprados por alto preço. Portanto, **glorifiquem a Deus com o seu próprio corpo.**"

Santificação do Santuário

Isso nos fala sobre nosso cuidado com o lugar que ***Deus tem em nossas vidas.*** Na mesma medida que cuidamos de manter o santuário de Deus nas nossas próprias vidas, onde vive o Espírito do Deus Vivo, será a medida em que provavelmente cuidaremos de manter e cuidar do santuário onde a Igreja se reúne. Uma maneira de manter o santuário do Espírito Santo limpo em nossas vidas é permitindo que o Espírito Santo faça Sua obra de santificação em nós.

> *1 Pedro 3:15, grifo do autor*"Antes, __________**Cristo como Senhor em seu coração.** Estejam sempre preparados para responder a qualquer pessoa que lhes pedir a razão da esperança que há em vocês."

Permitir constantemente o ***trabalho santificador do Espírito Santo*** e mantê-Lo ***ativamente engajado*** em nossas vidas é ***essencial para manter a Presença e o Poder de Deus.***

- **Eles deviam ouvir a confissão dos pecados do povo, e depois levavam o sacrifício por seus pecados para o altar.**

> *Levítico 5:5-6, grifo do autor* "Quando alguém for culpado de qualquer dessas coisas, **confessará em que pecou e**, pelo pecado que cometeu, **trará ao Senhor** uma ovelha ou uma cabra do rebanho como **oferta de reparação**; e **em favor dele o sacerdote fará propiciação pelo pecado.**"

O que aprendemos com essa lei mosaica, é a exigência de Deus de que os pecadores confessem seus pecados, bem como tragam uma oferta pelo pecado ao sacerdote para fazer expiação por seu pecado. A Bíblia continua a descrever o papel do sacerdote ao definir que é de sua responsabilidade a expiação das ofensas do povo. Isso significa que eles eram responsáveis perante Deus por tratar apropriadamente do perdão dos pecados do povo, oferecendo essas ofertas pelo pecado e fazendo expiação por eles. Com efeito, era ouvir e receber suas confissões e sacrifícios, e depois perdoá-los.

> ***Número 18:1**, grifo do autor*"O Senhor disse a Arão: 'Você, os seus filhos e a família de seu pai **serão responsáveis pelas ofensas** contra o santuário; você e seus filhos **serão responsáveis pelas ofensas cometidas no exercício do sacerdócio.**"

Tantas pessoas lutam com a culpa do pecado, não sentindo que receberam perdão por seus pecados. Assim, muitas vezes vejo como nosso ensinamento sobre o perdão de Cristo, ou simplesmente dizer-lhes que estão perdoados, as libera. Quanto mais entrarmos em nossa função sacerdotal, mais veremos o impacto que ela tem sobre aqueles ao nosso redor quando 1. Intercedermos em favor deles, como Jó fazia pelos pecados de sua família, e 2. Ouvirmos a confissão de seus pecados, e 3. Declararmos sobre eles que Cristo os perdoou. Nele temos a redenção e o perdão de nossos pecados. Isso é também o que ensina o capítulo cinco de Hebreus.

> ***Hebreus 5:1**, grifo do autor*"Todo sumo sacerdote é **escolhido dentre os homens e designado para representá-los** em questões relacionadas com Deus e **apresentar ofertas e sacrifícios pelos pecados.**"

Somos chamados para representar as pessoas e oferecer intercessão em seu nome. De certa forma, é para ficar na brecha por eles diante de Deus.

> ***1 Timóteo 2:1-4**, grifo do autor*"Antes de tudo, recomendo que **se façam** súplicas, orações, **intercessões** e ações de graças **por todos os homens**; pelos reis e por todos os que exercem autoridade, para que

tenhamos uma vida tranquila e pacífica, com toda a piedade e dignidade. Isso é bom e **agradável perante Deus, nosso Salvador,** que **deseja que todos os homens sejam salvos** e cheguem ao conhecimento da verdade."

- **Eles lidam com gentileza com aqueles que se desviam e são fracos em sua fé.**

***Hebreus 5:2**, grifo do autor*"**Ele é capaz de se compadecer dos que não têm conhecimento e se desviam**, visto que ele próprio está sujeito à fraqueza."

Um dos ***sinais daqueles que oram*** e ***intercedem pelos outros***, é o ***cuidado misericordioso*** e ***a indulgência que eles dedicam*** a essas relações. ***Somos chamados a lidar gentilmente*** com aqueles que são ***ignorantes*** e ***estão se desviando.***

- **Eles se tornaram sacerdotes em resposta ao chamado de Deus para este serviço.**

Hebreus 5:4"Ninguém toma esta honra para si mesmo, mas deve ser chamado por Deus, como de fato o foi Arão."

Da mesma forma que respondemos ao chamado de Deus para a salvação, respondemos ao Seu chamado sobre nossas vidas para nos tornarmos Seus sacerdotes. É um chamado sagrado, e conforme respondemos a este chamado para nos tornarmos parte daquele Reino de Sacerdotes que servem ao Senhor e a Seu povo, vemos o nível de profundidade aumentar nas vidas deles e na vida da Igreja.

Apocalipse 1:5-6**, grifo do autor"Ele nos ama e nos libertou dos nossos pecados por meio do seu sangue,**e nos consti-

> ***tuiu reino e sacerdotes*** *para servir a seu Deus e Pai. A ele sejam glória e poder para todo o sempre! Amém."*

Para isto fomos chamados, para constituirmos um reino de sacerdotes.

- **Eles discursavam e encorajavam os que saíam para a batalha antes que fossem guerrear.**

> ***Deuteronômio 20:2-3****, grifo do autor*"Quando chegar a hora da batalha, **o sacerdote virá à frente e dirá ao exército:** 'Ouça, ó Israel. Hoje vocês vão lutar contra os seus inimigos. **Não desanimem nem tenham medo; não fiquem apavorados nem aterrorizados por causa deles".**

Antes que o exército de Israel, ou Judá, entrasse em qualquer batalha, eles primeiro mandavam o sacerdote se dirigir a eles e orar. Vi tantas vezes, antes de se envolverem em transações e negócios, que quando dois crentes praticam seus deveres sacerdotais juntos, o Senhor realmente vai adiante deles e lhes assegura a vitória no que quer que estejam prestes a fazer.

Conclusão

Oro para que você realmente responda ao chamado de Deus em sua vida para entrar no chamado da sua vida para servir como sacerdote em sua casa. Essa não é uma nomeação para uma posição em uma igreja local, como algumas denominações têm o costume de adotar, não, isso é entre você e de Deus. Nós servimos perante Ele, e conforme servimos, Ele nos recompensará respondendo a nossas orações e petições.

Acredito que você está nesta fase de sua jornada de discipulado, porque tem um desejo sincero de seguir o chamado de Deus em sua vida, para estender Seu Reino e para servir melhor a Seus seguidores.

Nenhum serviço no Reino ***dá tantos frutos*** quanto por meio daqueles que se encontram na Presença de Deus com frequência, e ***para mais do que apenas para si próprios.***

Quanto mais nos deleitarmos na Presença do Senhor, e depois intercedermos pelos outros, mais veremos **o mundo ao nosso redor mudar e se transformar** no ***que Ele propôs e planejou*** antes da fundação do mundo.

Passos para a Ação

1. Aceite consciente e ____________ o chamado de Deus para se tornar um sacerdote na casa de Deus.
2. __________ diante de Deus para servir como Seu sacerdote em Seu santuário.
3. Reserve tempo ___________ para adorar ao Senhor.
4. Faça uma lista de pessoas em quem você está confiando no Senhor para serem _______. Geralmente os **três primeiros** parecem os mais bem-sucedidos. 1 Timóteo 2 versículo 1 e 3 a 4.
5. **Faça uma lista de pessoas em cargos de grande autoridade** pelas quais você se comprometerá **a orar e interceder regularmente.** 1 Timóteo 2 versículo 2.
6. **Faça uma lista de empresas e empresários** de sua comunidade ou cidade pelos quais você se **comprometerá a orar e interceder regularmente.** Jeremias 29 versículo 7.
7. Reserve **tempo extra para interceder** pelas pessoas **após um bom período de imersão** na presença de Deus.
8. Seja um ____________.
9. **Tenha um coração terno** para com **aqueles que falham e caem** à sua volta.
10. **Demonstre bondade para com aqueles que confessam seus pecados.**
11. **Seja perdoador e reconciliador.** Perdoe as pessoas. Seja gracioso com todas as pessoas.

4

CUIDE COM COMPAIXÃO

É uma grande ***honra ser encarregado*** de cuidar de uma das preciosas ***ovelhas do rebanho de Deus.*** Nossa gratidão é demonstrada na forma como cuidamos daquelas que nos são confiadas.

Nesta sessão, vamos revisitar e nos lembrar de como ser um "***Bom Pastor***". Cada pessoa de Deus carrega este cuidado em seus corações pelo povo de Deus. Precisamos tanto modelar o cuidado compassivo quanto ensinar nossos discípulos a cuidar daqueles que o Senhor a eles confiou.

Esta sessão serve também como um lembrete para ***aplicarmos consistentemente*** dois ***valores do Reino***, a saber, "***compaixão***" e '***cuidado***".

Não se esqueçam do ditado:

> ***"As pessoas não se importam com o quanto você ______ até que elas saibam o quanto você se ________".***

A compaixão que demonstramos em nossos cuidados faz a diferença entre simplesmente cuidar e ***cuidar de forma compassiva.*** O primeiro é feito por dever e o segundo como ***uma expressão de amor***. O cuidado que prestamos é sentido mais, e profundamente apreciado, de acordo com a medida de compaixão que dedicamos aos nossos cuidados.

Compaixão

Compaixão é o sentimento de _______, tristeza ou piedade por alguém, que é ***expresso mostrando-lhe bondade, ________, simpatia ou ternura.*** O apóstolo Pedro encorajou os crentes a praticarem a compaixão uns pelos outros.

> ***1 Pedro 3:8**, grifo do autor*"Quanto ao mais, tenham todos o mesmo modo de pensar, **sejam __________**, amem-se fraternalmente, **sejam misericordiosos e humildes.**"

Pedro exorta os crentes a ***terem compaixão***, além do ***amor*** pelos irmãos, a ***serem misericordiosos*** e ***corteses***. Por nossa compreensão e admiração pela Natureza de Deus, praticamos a compaixão. ***A Palavra de Deus nos ensina*** que o nosso ***Deus é um Deus compassivo, cheio de misericórdia e graça***.

> ***Êxodo 33:19**, grifo do autor*"E Deus respondeu: 'Diante de você farei passar toda a minha bondade, e diante de você proclamarei o meu nome: o Senhor. **Terei misericórdia de quem eu quiser ter misericórdia, e terei compaixão de quem eu quiser ter compaixão**".

O que aprendemos aqui sobre a ***natureza de Deus*** é que Ele é verdadeiramente um Deus compassivo. Ao longo da Escritura este valor e característica é mencionado.

> ***Salmo 116:5**, grifo do autor*"O Senhor é misericordioso e justo; **o nosso Deus é compassivo.**"

Deus não é apenas um Deus compassivo; ***Ele é cheio de graça e compaixão.*** É Seu desejo que pratiquemos compaixão e cuidado uns com os outros em nossas relações diárias.

> ***Êxodo 22:26-27****, grifo do autor*"Se tomarem como garantia o manto do seu próximo, devolvam-no até o pôr-do-sol, porque o manto é a única coberta que ele possui para o corpo. Em que mais se deitaria? Quando ele clamar a mim, eu o ouvirei, **pois sou misericordioso**".

> ***Salmo 86:15****, grifo do autor*"Mas tu, Senhor, **és Deus compassivo e misericordioso**, muito paciente, rico em amor e em fidelidade."

> ***Colossenses 3:12****, grifo do autor*"Portanto, como povo escolhido de Deus, santo e amado, **revistam-se de profunda compaixão**, bondade, humildade, mansidão e paciência."

O que fica claro para nós ***sobre a natureza e o caráter de Deus*** desde o início é ***Sua grande Sua compaixão por Seu povo.*** Em numerosas ocasiões, vemos Seu amor e compaixão expressos para com Seu povo.

Compaixão é demonstração de simpatia, preocupação e empatia para com os outros ***em sua angústia ou em suas deficiências.*** Ser compassivo é ser ***bondoso e preocupar-se, com dedicação,*** àqueles que nos rodeiam. Compaixão é ***demonstrar consideração pelas necessidades*** e cuidar dos outros.

Jesus contou a seus discípulos a parábola do ***Bom Samaritano.*** A mensagem desta parábola é clara; precisamos mostrar cuidado e compaixão para com o nosso ***próximo.*** A maneira de demonstramos ***amor ao próximo*** é praticando e ***dedicando-lhes cuidado compassivo.***

Podemos ver este cuidado compassivo na ***vida de Cristo*** expresso com relação às pessoas em várias ocasiões. Ele o demonstrou quando ***observou*** que elas ***eram como ovelhas sem pastor.*** Ele teve compaixão das pessoas quando elas permaneceram com Ele por alguns dias sem comer. Ele se preocupou com o seu bem-estar.

> ***Mateus 9:36**, grifo do autor*"Ao ver as multidões, **teve compaixão delas**, porque estavam aflitas e desamparadas, como ovelhas sem pastor."

Em várias ocasiões, Ele alimentou aquelas pessoas por se preocupar com seu bem-estar. No discurso do apóstolo Paulo à Igreja em Filipos, ele os exortou a serem "***semelhantes***", a praticarem e demonstrarem "***o mesmo amor***" com o qual foram consolados, por meio de sua união com Cristo.

> ***Filipenses, 2:1-2**, grifo do autor*"Se por estarmos em Cristo nós temos alguma motivação, alguma exortação de amor, alguma comunhão no Espírito, alguma profunda afeição e compaixão, **completem a minha alegria, tendo o mesmo modo de pensar, o mesmo amor, um só espírito e uma só atitude.**"

Como aplicar isso em nosso dia a dia?

Valorizamos a nossa relação e união com Cristo caminhando em Suas pegadas e desejando viver e ser como Ele. Uma das formas de darmos credibilidade a esta união com Cristo é sendo compassivos.

- **Reserve algum tempo para _______________ e cuidado para com as pessoas que o cercam diariamente.**
- **Reserve tempo também para procurar saber dos __________ que as pessoas à sua volta enfrentam.**

Que os desafios que as pessoas enfrentam, nos façam sentir compaixão da mesma forma que Cristo se comoveu. Ele foi tocado de tamanha compaixão que estendeu a mão para nos ***ajudar nas nossas fraquezas.***

- **Mostre ___________, simpatia e ___________pelas fraquezas que as pessoas enfrentam diariamente.**

Uma das formas mais poderosas de mostrarmos a nossa verdadeira compaixão, como Cristo, é ajudando as pessoas em suas fraquezas.

- **Procure ver como pode ajudar e _______ as pessoas onde quer que se encontre.**
- **Reserve um tempo para ________ as pessoas.**

Ajudar e oferecer um ***ouvido atento*** para ouvir o choro das pessoas é por vezes a ***maior demonstração de compaixão e cuidado que*** elas precisam e procuram.

- **Reserve um tempo para ser ________ e ______.**

Cuidado

Cuidado compassivo é uma questão de __________, ***é ser atencioso, solidário, amoroso e útil aos outros,*** especialmente ***levando em conta seus sentimentos, fardos e preocupações.***

Jesus oferece cuidado compassivo quando diz aos cansados que fossem a Ele.

> ***Mateus 11:28,*** *grifo do autor*"**Venham a mim**, todos os que estão cansados e sobrecarregados, e **eu lhes darei descanso.**"

O Apóstolo Paulo exorta os crentes a "***carregarem os fardos uns dos outros***". É quando ***reservamos tempo para prestar atenção aos fardos que as pessoas carregam***, e depois nos ***oferecemos para ajudá-las*** com aquilo que as sobrecarregam, que pomos em prática cuidados compassivos.

> ***Gálatas 6:2,*** *grifo do autor*"**Levem os fardos pesados uns**

dos outros e, assim, cumpram a lei de Cristo."

1 Pedro 5:2-3, grifo do autor"**Pastoreiem o rebanho de Deus que está aos seus cuidados.** Olhem por ele, não por obrigação, mas de livre vontade, **como Deus quer.** Não façam isso por ganância, mas **com o desejo de servir.** Não ajam como dominadores dos que lhes foram confiados, mas **como exemplos para o rebanho.**"

Embora essa Escritura exorte os líderes a terem cuidado, a zelarem pelos que lhes são confiados, ela também fala a cada um de nós que desejamos ser fecundos no Reino de Deus.

- **Cuide da sua própria ________.**

Uma forma de cuidarmos com compaixão é zelar por ***nossas próprias famílias, nossos pais e avós.*** Agrada a Deus quando cuidamos das ***viúvas e dos órfãos.***

1 Timóteo 5:4, grifo do autor"Mas se uma viúva tem filhos ou netos, que estes aprendam primeiramente a **colocar a sua religião em prática, cuidando de sua própria família** e retribuindo o bem recebido de seus pais e avós, pois isso agrada a Deus."

1 Tiago 1:27, grifo do autor"A religião que Deus, o nosso Pai, aceita como pura e imaculada é esta: ***cuidar dos órfãos e das viúvas em suas dificuldades*** e não se deixar corromper pelo mundo."

Toda vez que ***cuidamos das necessidades dos outros***, temos a ***oportunidade de cuidar com compaixão.***

- **Jesus instrui Pedro a cuidar de Suas ________.**

De todas as coisas que Jesus poderia ter conversado com Pedro quando Ele o restaurou em Lucas 21, depois de ele O ter negado, foi pedir-lhe: "_______ *das Minhas ovelhas*".

> *João 21:16, NBV-P, grifo do autor*"Jesus repetiu a pergunta: 'Simão, filho de João, **você me ama de verdade?**'
> 'Sim, Senhor', disse Pedro. 'O Senhor sabe que eu sou seu amigo'.'Então **cuide das minhas ovelhas**', disse Jesus."

Em certo sentido, o Senhor poderia muito bem nos ter feito a mesma pergunta hoje: "*Você me ama*?" Ele também poderia muito bem nos responder: "***Bem, então alimente minhas ovelhas e cuide das minhas ovelhas.***"

O que cuidar realmente significa?

- **É ser atencioso, ter ___________ e ser útil aos outros.**
- **É se interessar amorosamente pelo bem-estar dos outros.**
- **É ser _______ às necessidades e preocupações dos outros, e tratá-los com compaixão.**

Uma das características que Jesus deseja que Seus discípulos tenham é a de "***cuidar***" de Suas ovelhas.
De acordo com Paulo, "cuidar" ***é colocar nossa religião em prática.***

> ***Filipenses 4:9**, grifo do autor*"**Ponham em prática** tudo o que vocês aprenderam, receberam, ouviram e viram em mim. E o Deus da paz estará com vocês."

Nós fazemos aquilo que valorizamos. Bem, um desses ***valores verdadeiros*** do Reino de Deus é ***cuidar*** dos que estão à nossa volta, sob nossos cuidados.

Como colocar em prática?

- Em primeiro lugar, ***mostramos cuidado*** quando **prestamos *atenção às necessidades, preocupações e aos fardos*** das pessoas ao nosso redor, especialmente aquelas que nos são confiadas.
- Em segundo lugar, cuidamos quando ***fazemos algo a respeito, demonstrando amor, sendo úteis e auxiliando.***
- Cuidamos quando ***somos atentos*** e ***temos consideração*** de uma forma que mostre às pessoas em questão que você realmente se importa.
- Demonstramos cuidado quando ***carregamos os fardos uns dos outros.***

Uma das maneiras de cuidar é ***aliviar o fardo*** de ***um pai solteiro*** ou uma ***mãe solteira que trabalha***, oferecendo-se para cuidar de seus filhos para que eles possam ir trabalhar, permitindo-lhes ganhar o salário sem ter que adicionar a despesa de ter ***que pagar alguém para cuidar das crianças.*** Outra maneira é ***ajudar na prestação de cuidados temporários para pessoas com pais idosos. Cada vez que nos levantamos para atender às necessidades dos outros***, especialmente quando dedicamos tempo para perceber suas dificuldades e necessidades de ajuda, ***honramos a Deus*** ao prestarmos tais serviços.

- **Cuidem uns dos outros e carreguem os fardos uns dos outros, e cumpram, desta forma, o caminho do amor.**

Consideração Final

Eu oro para que todos tenhamos olhos e corações abertos para observar os problemas e preocupações que sobrecarregam as pessoas ao nosso redor e, então, que tenhamos coração para providenciar tudo o que pudermos para tornar seus fardos mais fáceis de suportar.

5

CAMINHE COM DIGNIDADE

Conforme crescemos em nossa fé, e ***nossa _____________ e _________ aumentam***, também aumenta ***nossa consciência de caminhar dignamente***, de acordo com a confiança que Deus depositou em nós. À medida que ***aumentamos nossos frutos*** e mais ***almas nos procuram para orientação, direção e um exemplo a seguir***, precisamos ***pensar*** e repensar o modo ***como falamos, o que dizemos e fazemos***, e ***que exemplo*** somos para os outros. Devemos **considerar *constantemente nossos _______, ações, os lugares que frequentamos***, e especialmente sobre como tudo isso pode fazer avançar o Reino de Deus.

Somos embaixadores de Cristo!

Normalmente pensamos em "**caminhar**" com o significado de nos deslocarmos ***de um lugar para outro***. No entanto, ***há outro sentido*** em que esta palavra é usada. Nos dois trechos abaixo das Escrituras vemos que ela se refere ***à caminhada da ______ de uma pessoa. O que fazemos*** com nossas vidas e ***como a vivemos*** pode ser ***descrito como nossa caminhada***.

> *Efésios 4:1-3, grifo do autor*"Como prisioneiro no Senhor, **rogo-lhes que vivam de maneira ______ da vocação que receberam. Sejam completamente humildes e dóceis**, e sejam **pacientes, suportando uns aos outros** com amor. **Façam todo o esforço** para conservar a unidade do Espírito pelo vínculo da paz."

O apóstolo Paulo exorta os crentes de Éfeso dignamente, ***de acordo com a vocação que receberam.*** Isto é uma ***demonstração*** de tão ***elevada consideração*** pelo chamado, que a pessoa ***mata os apetites*** e os ***desejos*** do mundo para corresponder à alta consideração que ela tem pelo chamado de Deus sobre sua vida.

Somos ainda exortados a ***viver dignamente por gratidão*** a termos recebido tal chamado e pela oportunidade de servir ao Mestre na expansão de Seu Reino. Até mesmo para contemplarmos "**viver dignamente**" é preciso viver com ______, e também viver de forma a mostrar ***o*** _______ que temos ***pelo chamado.***

Como expressão desse desejo e disposição de dar expressão a "viver uma vida digna da vocação", Paulo os exorta a demonstrá-lo sendo ***"completamente_______, gentis, _______ e amorosos".*** Nossos ***esforços intencionais para manter a unidade*** é outra ***forma de expressar*** nosso desejo de viver uma vida digna do chamado que recebemos.

> *Efésios 5:1-2, grifo do autor*"Portanto, sejam imitadores de Deus, como filhos amados, e **vivam em amor**, como também Cristo nos amou e se entregou por nós como oferta e sacrifício de aroma agradável a Deus."

No livro de Efésios, Paulo usa a palavra ***"caminhar" _ vezes.*** Cada vez que o faz, ele a usa no sentido de ***conduta ou modo de vida.*** Paulo escreve aos crentes de Éfeso para mostrar-lhes como deveriam viver suas vidas ao passarem por este mundo, já que só estamos de passagem como ***peregrinos e forasteiros***. Ele escreve para ensiná-los como eles devem viver suas vidas.

Definição de "caminhar"

A palavra grega "**Peripateo**" é traduzida como *andar*, **caminhar**, mas sugere fortemente *viver*, ______ ***a vida***,________ ***a si mesmo***[1].

Também sugere: ***andar, comportar-se, conduzir-se sua vida***, *estar ocupado, andar por aí*. A Bíblia Amplificada expõe claramente esta "***caminhada***" em Efésios 5 versículos 1 e 2.

> *Efésios 5:1-2, AMP, grifo do autor*"Portanto, sejam **imitadores de Deus** [copiem-No e sigam Seu exemplo], como filhos amados [imitam seu pai], e **vivam em amor** [estimando-se e deleitando-se uns aos outros], como também Cristo nos amou e se entregou por nós [de modo que Ele se tornou uma] oferta e sacrifício de aroma agradável a Deus."

Destas duas porções e versões, ***fica claro*** que é ***desejo de Deus*** que ***caminhemos dignamente***, tanto ***como exemplos*** a serem seguidos pelos outros, como também ***expressando nossa alta consideração*** pelo chamado com o qual Ele convocou cada um de nós.

Embaixadores de Cristo

Quando ***penso em um embaixador***, penso em alguém cuja ***conduta é imponente***, que tem um ***alto padrão moral*** e que ***age de forma apropriada e responsável***. Penso em um embaixador como o representante mais ***confiável e idôneo*** que um país tem para o representar, bem como para ***defender aquilo em que acredita de maneira digna e consistente***. Penso em alguém que seja ***correto, justo e honrado***.

Bem, quando o apóstolo Paulo faz esta ***associação direta*** entre ***nós e embaixadores***, é algo ***bastante expressivo***. Faça uma pequena pausa e pense sobre o tamanho disso: ***Embaixadores de Cristo!***

2 Coríntios 5:20, grifo do autor"**Portanto, somos embaixadores de Cristo**, como se Deus estivesse fazendo o seu apelo por nosso intermédio. Por amor a Cristo lhes suplicamos: Reconciliem-se com Deus."

Como embaixadores, representamos tanto Cristo e ***Seu reino,*** como também desempenhamos a tarefa representativa de "**implorar às pessoas em nome de Cristo**" ***para que se reconciliem*** com Deus.

Este chamado e a tarefa de sermos embaixadores exigem que vivamos dignamente.

O que isso significa para mim? O que eu devo fazer?

Creio que isso ***exige que repensemos*** nossas ***liberdades***, ***ações, respostas***, ***condutas***, o que ***falamos*** e os lugares que frequentamos de uma forma mais responsável, ***pois tudo o que dizemos e fazemos reflete em Cristo e Seu Reino.***

1 Coríntios 6:12, NTLH, grifo do autor"Alguém vai dizer: '**Eu posso fazer tudo o que quero.**' Pode, sim, **mas nem tudo é bom para você.** Eu poderia dizer: 'Posso fazer qualquer coisa.' Mas não vou deixar que nada me escravize."

Em algumas ocasiões, vemos este assunto ser discutido pelos apóstolos. Aqui, temos o apóstolo Paulo afirmando claramente que podemos fazer ***tudo o que quisermos***, no entanto, nem tudo o que temos o direito de fazer é ***necessariamente benéfico***, ou como ele afirma neste próximo verso: "***edificante***".

1 Coríntios 10:23, grifo do autor"'**Tudo é permitido**', mas nem tudo convém. 'Tudo é permitido', **mas nem tudo edifica. Ninguém deve buscar o seu próprio bem, mas sim o dos outros.**"

Nesta abordagem do mesmo princípio, a ***ênfase recai sobre nós para agirmos e nos comportarmos em benefício de outros.*** Conforme continuamos a ler este capítulo, Paulo nos exorta a refletir sobre o que ***"comemos ou bebemos"*** ou sobre ***"o que quer que façamos"***, devemos fazer tudo ***para Glória de Deus*** e, na medida do possível, ***não fazer*** com que, através do nosso comer e beber ou do que quer que façamos, ***alguém tropece.*** O propósito de viver uma vida digna é que ninguém pereça, mas que sejam salvos.

> *1 Coríntios 10:31-33, grifo do autor*"**Assim, quer vocês comam, bebam ou façam qualquer outra coisa, façam tudo para a glória de Deus. Não se tornem motivo de _______**, *nem para judeus, nem para gregos, nem para a igreja de Deus. Também eu procuro agradar a todos, de todas as formas.* **Porque não estou procurando o meu próprio bem**, mas o bem de muitos, **para que sejam salvos.**"

Sei que estou insistindo nesse ponto, no entanto, tenho ***visto e ouvido jovens crentes desabafarem suas decepções e desilusões,*** depois de terem saído para mundo e se empenhado seriamente para colocar em prática a Palavra de Deus e, então, para sua consternação, observarem as ***vidas comprometidas*** que alguns líderes levam. Também ouvi os argumentos daqueles que se ***afastaram de sua fé*** por causa das ***inconsistências e indiscrições*** que observaram desses ***supostos líderes.***

Alguns de vocês podem estar pensando:

- *"Será que eu não deveria então simplesmente recuar até que eu supere minhas lutas carnais?" ou*
- *"É muito difícil, por que eu deveria sequer tentar ser um bom exemplo?" ou*
- *"Não sei se estou pronto ou disposto a desistir de algumas das coisas que gosto para não ofender alguém"...*

Oro para que o Espírito Santo o ajude a permitir que a ***vontade de Deus e Seu propósito*** para a sua vida sejam ***cumpridos.*** Cresci com um refrão que dizia: "***Quero viver do jeito que Ele quer que eu viva...***" Essa ainda é a minha canção e minha oração diária.

> ***Romanos 14:19-22****, grifo do autor*"**Por isso, esforcemo-nos em promover tudo quanto conduz à paz e à edificação mútua. Não destrua a obra de Deus por causa da comida.** Todo alimento é puro, mas é errado comer qualquer coisa que faça os outros tropeçarem. **É melhor não comer carne nem beber vinho, nem fazer qualquer outra coisa que leve seu irmão a cair.** Assim, seja qual for o seu modo de crer a respeito destas coisas, que isso permaneça entre você e Deus. Feliz é o homem que não se condena naquilo que aprova."

Pelo bem de Cristo e pelo bem da edificação mútua, façamos todo o esforço para não destruir a obra de Deus sobre o que comemos, o que bebemos ou o que fazemos, mas ***façamos com seriedade*** aquilo que fará ***progredir a paz e a edificação mútua.***

> ***Colossenses 3:17****, grifo do autor*"**Tudo o que fizerem**, seja em **palavra ou em ação, façam-no em nome do Senhor Jesus**, dando por meio dele graças a Deus Pai."

Acho que a questão seguinte deveria ser uma espécie de barômetro embutido em cada um de nós para governar nossas ações:

"Estou honrando a Deus com o que estou fazendo ou dizendo agora?"

"Que possamos ***alinhar nossas palavras e ações*** para viver como ***verdadeiros embaixadores*** do Reino de Deus".

É claro que há muito mais que pode ser dito sobre este assunto, no entanto, deixe-me compartilhar mais um pensamento para nossa contemplação.

Nossa "caminhada" tem um impacto direto em nossa capacidade de alcançar as pessoas para Cristo.

> *Colossenses 4:5-6, grifo do autor*"**Sejam sábios no procedimento para com os de fora**; aproveitem ao máximo todas as oportunidades. **O seu falar seja sempre agradável e temperado com sal**, para que saibam como responder a cada um."

Muitas vezes me encontro com pessoas em cafés e restaurantes, e estou sempre ciente de que outros podem ouvir e acompanhar a nossa conversa. Por isso, mantenho esta Escritura sempre em minha mente, para me lembrar de manter minha conversa cheia de graça, compaixão e compreensão. Oro para que vocês também aproveitem ao máximo cada oportunidade para viver dignamente.

Passos para a Ação

Para concluir nosso tempo juntos, podemos parar por um momento e considerar cada uma das seguintes áreas de nossas vidas, especialmente porque elas impactam diretamente outras. Somos claramente chamados a comunicar o amor e a vida de Cristo aos outros através de cada uma dessas áreas.

- Considere se suas atividades, seus compromissos, ou seu exemplo, fazem avançar ou atrapalham a forma como os outros veem Cristo.
- Considere se há áreas em que você precisa fazer ajustes.
- Considere maneiras pelas quais você poderia ser mais parecido com um embaixador.

1. **Palavras** (Considere se as palavras que você está usando são inapropriadas, caluniosas, aviltantes, vulgares ou inverídicas, se for o caso. Considere o quanto suas palavras são intencionalmente salutares e edificantes).

- Comprometa-se a cessar o uso de palavras inapropriadas e de outros palavrões ou qualquer termo vulgar para se expressar.
- Comprometa-se com um discurso sadio.

Cite três áreas onde você pode ser mais atento ou diligente em seu discurso.

____

____

____

2. **Atos** (Considere suas ações e reações, que podem ser irrefletidas, inadequadas, aviltantes e inconsistentes com o objetivo de ser um exemplo a ser seguido por outros).

- Comprometo-me a observar cuidadosamente meus atos, para que eles possam sempre, em todas as circunstâncias e situações, honrar a Deus e incentivar as pessoas a uma caminhada mais profunda e mais significativa com Deus.
- Comprometo-me a ser um testemunho vivo.
- Entrego meus caminhos a Deus.

Cite três áreas específicas nas quais você se compromete a aplicar isto de forma mais atenta.

____

____

____

3. Lugares que você frequenta (Tome um momento e considere os lugares que você vai, ou frequenta, que possam fazer com que pessoas fracas tropecem em sua fé se elas o virem lá, ou o virem participando dessas atividades. Nós estamos no mundo, mas não somos do mundo).

- Comprometo-me a deixar de frequentar lugares, de participar de atividades e reuniões que possam trazer descrédito a Cristo e Sua Igreja, a menos que seja para compartilhar ativamente minha fé nesses lugares.
- Comprometo-me a estar mais atento, com quem, e onde passo meu tempo de lazer, pois entendo que, como embaixador, represento a Cristo e Sua Igreja.

Cite pelo menos uma área onde você se compromete a estar mais atento, e por qual razão.

____

____

____

4. **Comer e beber** (Pare um momento e pense nos vários lugares onde você costuma jantar com frequência ou simplesmente vai para beber

alguma coisa. Existe algo que você come ou bebe nesses lugares, onde outros possam vê-lo, que possa ofender alguns que são fracos em sua fé? Se a resposta for "SIM", então talvez queira ajudar a não destruir a obra de Deus em razão do que você come ou bebe).

Se houver, indique as coisas que você intencionalmente evitará e eliminará para não causar tropeço ou a queda na fé de ninguém:

____

____

____

5. **O que a minha vida diz.** (Pense na carta aberta que você é lá fora, no mundo, nas ruas e no local de trabalho).

- Sua vida é um bom testemunho da fé que você professa? Sua fé é visível para os outros?
- Você tem um efeito positivo e construtivo sobre as pessoas ao seu redor?

O que você espera que os outros vejam e informem sobre a sua vida?

____

____

____

6. **Qual é a COISA MAIS IMPORTANTE** que você levará com você deste capítulo, que mudará a forma como as pessoas o veem como representante de Cristo no futuro e, finalmente, o verão gerando frutos?

____

____

____

____

____

6

CAMINHE COM DIGNIDADE

Durante esta fase do discipulado aprendemos o valor e o impacto de se manter uma ***caminhada consistente*** sob a direção e a orientação do Espírito Santo. Mantemos esta caminhada com o Espírito Santo, pois Ele é nosso ajudador e o parceiro mais poderoso em nosso ministério.

> ***Gálatas 5:16-18**, grifo do autor*"*Por isso digo:* **Vivam pelo Espírito**, e de modo nenhum satisfarão os desejos da **carne.** Pois a carne deseja o que é contrário ao **Espírito**; e o Espírito, o que é contrário à carne. **Eles estão em conflito um com o outro**, de modo que vocês não fazem o que desejam. Mas, se vocês são guiados pelo Espírito, não estão debaixo da Lei."

> ***Gálatas 5:25**, grifo do autor*"Se vivemos pelo Espírito, **andemos também pelo Espírito.**"

O ***Espírito Santo*** é o presente mais ***tangível*** *e* ***sustentável*** que poderíamos receber de Deus. Tê-lo ***vivendo dentro de nós*** nos dá um apreço duradouro por Sua Presença e Poder.

Conduzidos pelo Espírito de Deus

> ***Romanos 8:1**, BKJ, grifo do autor*"Portanto, agora **nenhuma condenação há** para os que estão em Cristo Jesus, que **não andam segundo a carne, mas segundo o Espírito.**"

Caminhar no Espírito nos posiciona em um lugar seguro e firme, sem condenação. Uma vida de ***caminhada no Espírito*** é ***reservada para*** aqueles que têm sua ***mente voltada*** para o que o ***Espírito Santo deseja.*** A Bíblia nos ensina que se realmente desejarmos vida e paz, então permitir que nossas mentes sejam controladas pelo Espírito Santo nos levará a uma vida assim.

> ***Romanos 5:8-6**, grifo do autor*"Quem vive segundo a carne tem a mente voltada para o que a carne deseja; **mas quem vive de acordo com o Espírito, tem a mente voltada para o que o Espírito deseja.** A mentalidade da carne é morte, mas a **mentalidade do Espírito é vida e paz**".

Quando o Espírito Santo estiver no controle de nossas vidas, então nossa natureza pecaminosa não terá tanto controle sobre nossas vidas. Ceder ao controle do Espírito Santo nos protege de muitos atos e comportamentos indesejados. Ao escolhermos caminhar no Espírito, optamos por caminhar em segurança.

A presença do ***Espírito Santo*** também nos dá aquela ***certeza*** inabalável de que ***pertencemos a Deus.*** Permanecer sob o controle e a liderança do ***Espírito Santo afirma*** dentro de nós ***que somos filhos de Deus.***

> *Romanos 8:9, grifo do autor*"Entretanto, vocês não estão sob o domínio da carne, mas do Espírito, **se de fato o Espírito de Deus habita em vocês. E, se alguém não tem o Espírito de Cristo, não pertence a Cristo.**"

> *Romanos 8:13-16, grifo do autor*"Pois se vocês viverem de acordo com a carne, morrerão; mas, se pelo Espírito fizerem morrer os atos do corpo, viverão,**porque todos os que são guiados pelo Espírito de Deus são filhos de Deus.** Pois vocês não receberam um espírito que os escravize para novamente temerem, mas receberam o Espírito que os adota como filhos, por meio do qual clamamos: '**Aba, Pai**'.**O próprio Espírito testemunha ao nosso espírito que somos filhos de Deus.**"

Andar no **Espírito** é a **garantia** de que vivemos com uma **fonte de energia vivificante dentro de nós.** Quanto mais você caminha no Espírito, mais experimenta seu poder de vitalidade sendo liberado em seu corpo terreno.

> *Romanos 8:11, grifo do autor*"E, **se o Espírito** daquele que ressuscitou Jesus dentre os mortos **habita em vocês**, aquele que ressuscitou a Cristo dentre os mortos **também dará vida a seus corpos mortais, por meio do seu Espírito, que habita em vocês.**"

> *Gálatas 4:6, grifo do autor*"**E, porque vocês são filhos, Deus enviou o Espírito de seu Filho ao coração de vocês,** e ele clama: '**Aba, Pai**'".

O que distinguia os homens de Deus, em toda a Palavra, era sua submissão de viver sob o controle do Espírito de Deus.

A presença da pessoa do **Espírito Santo** é aquele ***fio em toda a Bíblia*** que confirma o ***poder determinante*** que existia naqueles homens e mulheres. Foi a presença do Espírito Santo nos Juízes que lhes permitiu conduzir Israel à vitória.

> *Juízes 3:10-11, grifo do autor*"**O Espírito do SENHOR veio sobre ele**, de modo que liderou Israel e foi à guerra. **O Senhor entregou** Cuchã-Risataim, rei da Mesopotâmia, **nas mãos de Otoniel, que prevaleceu contra ele. E a terra teve paz durante quarenta anos**, até a morte de Otoniel, filho de Quenaz."

O Espírito Santo veio **sobre o menor**, e o ***mais insignificante*** jovem e o **transformou em** um dos ***mais significativos*** líderes e ***libertadores*** que Israel já viu.

> *Juízes 6:34, grifo do autor* **Então o Espírito do SENHOR apoderou-se de Gideão**, e ele, com toque de trombeta, convocou os abiezritas para segui-lo."

O Espírito do Senhor apoderou-se de ***Jefté.*** Ele conduziu Israel a muitas vitórias.

> *Juízes, 11:29, grifo do autor*"**Então o Espírito do SENHOR se apossou de Jefté.** Este atravessou Gileade e Manassés, passou por Mispá de Gileade, e daí avançou contra os amonitas."

Os capítulos 14 e 15 de Juízes nos contam o que aconteceu com **Sansão** quando o Espírito do Senhor desceu sobre ele.

> *Juízes 14:6,19, grifo do autor*"***O Espírito do SENHOR apossou-se de Sansão, e ele, sem nada nas mãos, rasgou o leão*** *como se fosse um cabrito. Mas não contou nem ao pai nem à mãe o que fizera.*
> [19] ***Então o Espírito do SENHOR apossou-se de***

Sansão. Ele desceu a Ascalom, matou trinta homens, pegou as suas roupas e as deu aos que tinham explicado o enigma. Depois, enfurecido, foi para a casa do seu pai."

***Juízes 15:14**, grifo do autor*"Quando ia chegando a Leí, os filisteus foram ao encontro dele aos gritos. Mas **o Espírito do SENHOR apossou-se dele.** As cordas em seus braços se tornaram como fibra de linho queimada, e os laços caíram das suas mãos."

Quando Deus chamou **Saul**, foi por causa da presença do Espírito Santo que veio sobre ele que ele soube que Deus o ungiu para ser rei.

***1 Samuel 10:6-7**, grifo do autor*"**O Espírito do SENHOR se apossará de você**, e com eles você profetizará, e **será um novo homem.** Assim que esses sinais se cumprirem, faça o que achar melhor, pois **Deus está com você.**"

Saul sabia que Deus estava com ele porque se tornou ***plenamente consciente*** da ***presença do Espírito Santo***. O mesmo aconteceu com ***Davi*** quando ***Samuel o ungiu*** para tornar-se o segundo rei de Israel. ***Davi se deu conta*** de que o Espírito do Senhor veio sobre ele em poder.

***1 Samuel 16: 13-14**, grifo do autor*"**Samuel apanhou o chifre cheio de óleo e o ungiu** na presença de seus irmãos, e, **a partir daquele dia, o Espírito do SENHOR apoderou-se de Davi.** E Samuel voltou para Ramá. O Espírito do Senhor se retirou de Saul, e um espírito maligno, vindo da parte do Senhor, o atormentava."

Davi frequentemente ***reconhecia que o Espírito Santo falava com ele e por meio dele***. Quando ele cometeu adultério com ***Bate-Seba***, além de

implorar por perdão, ele ***implorou a Deus que não tirasse dele o Seu Espírito. Davi valorizava** a **presença do Espírito Santo*** em sua vida.

> *2 Samuel 23:2, grifo do autor*"O **Espírito do Senhor falou por meu intermédio**; *sua palavra esteve em minha língua.*"

Os ***profetas*** do Antigo Testamento ***falaram*** e escreveram sobre como o **Espírito Santo os conduziu.** O apóstolo ***Pedro*** reitera a presença e a condução do Espírito Santo quando ele ***nos lembra*** a ***origem*** e a ***confiabilidade das profecias***.

> *2 Pedro 1:21, grifo do autor*"pois jamais a profecia teve origem na vontade humana, mas **homens falaram da parte de Deus, impelidos pelo Espírito Santo.**"

Foi em uma dessas ocasiões, quando o profeta ***Isaías*** foi ***levado pelo Espírito***, que ***ele escreveu*** sobre as múltiplas funções do Espírito Santo.

> *Isaías 11:2-3, grifo do autor*"**O Espírito do Senhor repousará sobre ele, o Espírito que dá sabedoria e entendimento, o Espírito que traz conselho e poder, o Espírito que dá conhecimento e temor do Senhor.** E ele se inspirará no temor do Senhor. Não julgará pela aparência, nem decidirá com base no que ouviu".

Mensagens claras chegaram aos Profetas ***pelo Espírito Santo.*** Eles andavam no Espírito e sabiam quando o Espírito do Senhor lhes havia chegado. ***Ezequiel***, como muitos dos profetas, ***ouvia a voz*** do ***Espírito Santo*** e depois entregava as mensagens que Deus lhe dava para transmitir.

> *Ezequiel 11:5, grifo do autor*"Então **o Espírito do Se-**

> **nhor veio sobre mim** e mandou-me dizer: "Assim diz oSenhor: É isso que vocês estão dizendo, ó nação de Israel, mas eu sei em que vocês estão pensando."

O **Espírito do Senhor** era tão ***visivelmente forte em suas vidas*** que mesmo aqueles que não serviam ao Senhor ***reconheciam*** Sua presença na vida de Seus Servos. ***O rei Nabucodonosor reconheceu o Espírito Santo em Daniel.***

> *Daniel 4:18, grifo do autor*"**Esse é o sonho que eu, o rei Nabucodonosor, tive.** Agora, **Beltessazar, diga-me o significado do sonho**, pois nenhum dos sábios do meu reino consegue interpretá-lo para mim, exceto você, **pois o espírito dos santos deuses está em você."**

Jesus reconheceu e ***confirmou o Espírito Santo em Sua vida*** quando leu o pergaminho na Sinagoga. Ele declarou que: "***o Espírito do Senhor está sobre mim***".

> *Lucas 4: 18-19, grifo do autor*"O **Espírito do Senhor está sobre mim**, porque **ele me ungiu para pregar** boas novas aos pobres. Ele me enviou para **proclamar** liberdade aos presos e recuperação da vista aos cegos, para **libertar** os oprimidos e **proclamar** o ano da graça do Senhor".

Felipe era um crente do Novo Testamento que ***caminhava no Espírito***, e por Ele era guiado. Um dia, ***o Espírito Santo lhe disse*** para ***ir*** até uma ***certa carruagem. Ele fez*** tudo o que ***o Espírito Santo lhe ordenara*** e **o resultado foi** que um **eunuco etíope foi salvo** e foi **batizado.**

> *Atos 8:29, grifo do autor"E o Espírito disse a Filipe:* '**Aproxime-se dessa carruagem** e acompanhe-a."

Foi a ***vontade deles de ceder à condução do Espírito Santo*** que ***levou Barnabé e Paulo*** a serem ***comissionados*** para suas ***jornadas apostólicas.***

> *Atos 13:2, grifo do autor* "Enquanto adoravam o Senhor e jejuavam, disse o Espírito Santo: '**Separem-me Barnabé e Saulo para a obra** a que os tenho chamado.'"

Grandes coisas vêm do empoderamento do Espírito de Deus.

Quanto mais caminharmos no Espírito, ***submetendo-nos*** **intencionalmente** à Sua liderança, ***mais experimentaremos de Seu Poder*** manifestado de formas nunca vistas ou ouvidas até então.

> *Zacarias 4:6, grifo do autor* "Esta é a palavra do Senhor para Zorobabel: '**Não por força nem por violência, mas pelo meu Espírito**', diz o Senhor dos Exércitos."

Sem Seu trabalho em nossas vidas, ***nenhuma santificação*** pode ocorrer. ***Sem o Seu trabalho*** em nosso ministério, ***não veremos nenhum fruto*** em nosso trabalho. Ele muda os corações. Ele ***cura, entrega e convence.*** Caminhar em comunhão com o Espírito Santo tem muitas ***vantagens*** providenciais, já que Ele é nosso ***Mestre supremo.*** É Sua ***Unção*** em nossas vidas que ***faz toda a diferença.*** Desenvolva e ***cresça em sua apreciação do Espírito Santo.*** Faça sua ambição de vida ***caminhar em um relacionamento profundo*** com Ele todos os dias.

Passos para a Ação

A conscientização é um dos aspectos chave a serem desenvolvidos, quando desejamos uma caminhada consistente no Poder do Espírito Santo.

1. Conheça a voz do Espírito Santo

Uma das áreas que precisamos desenvolver, é nossa consciência da voz do Espírito Santo. Às vezes o Espírito Santo fala audivelmente em alto e bom tom, mas na maioria das vezes Ele falará conosco em uma voz mansa e suave. Quanto mais desenvolvermos consciência e sensibilidade para ouvir Sua voz, mais a perceberemos e a ela responderemos. Cresça em sua consciência para conhecer Sua voz na sua vida, não apenas durante os cultos, embora este seja às vezes o momento quando estaremos mais sintonizados para ouvir Sua voz, mas devemos tentar desenvolver uma consciência para Sua voz nas circunstâncias normais de nossas vidas. Reserve um tempo para ouvir a voz do Espírito Santo. Jesus disse uma vez: "As minhas ovelhas reconhecem a minha voz, [...] e elas me seguem". ***Sejam aquelas ovelhas que reconhecem Sua voz*** e O seguem.

Você reconhece a voz do Espírito Santo em sua vida?

____

Como o Espírito Santo fala com você?

____

____

O que você pode fazer para ouvi-Lo melhor?

____

____

____

2. Mensagens

Desenvolva uma expectativa e consciência para receber mensagens de Deus, primeiro para você mesmo, mas, depois, também mensagens para os outros. Acredito que Deus quer falar, guiar e encorajar Seu povo todos os dias. Nós, portanto, temos a oportunidade, e a responsabilidade, de ouvir essas mensagens de Deus. Elas podem vir quando Deus nos fala pela voz do Espírito Santo dentro de nós, ou podem vir através de outros mensageiros que trazem uma Palavra para nós, ou podem vir através de nosso tempo na Palavra. Há muitas maneiras pelas quais Deus pode nos trazer mensagens. Nosso foco intencional exige que escutemos e prestemos atenção a essas mensagens de Deus. Sempre me lembro das palavras do capítulo oito do livro do Deuteronômio, citadas por Jesus.

> ***Deuteronômio 8:3***"Assim, ele os humilhou e os deixou passar fome. Mas depois os sustentou com maná, que nem vocês nem os seus antepassados conheciam, para mostrar-lhes que nem só de pão viverá o homem, mas de toda palavra que procede da boca do SENHOR."

Vivemos das mensagens que Ele nos dá diariamente, sejam palavras para nos guiar, nos orientar, nos ensinar, nos disciplinar ou palavras que Ele deseja que entreguemos aos outros.

Você já recebeu uma mensagem de Deus?

____

Com que frequência você recebe mensagens de Deus?

____

Você recebe mensagens de Deus por meio de outras pessoas?

____

Você entrega mensagens de Deus a outras pessoas?

____

Qual é o seu desejo em relação a receber e entregar mensagens?

____

____

____

3. Missões

Deus nos salvou para um propósito. Seus propósitos se tornam nossa missão. A Grande Comissão está inserida na seguinte palavra "**IDE**". Na verdade, nada acontece se não formos. E somente uma vez que FORMOS e pregarmos é que as pessoas poderão obter a salvação. Só então teremos novos crentes para batizar. É somente então que teremos jovens crentes para ensinar. Só então veremos e experimentaremos a promessa de "***sinais nos seguindo***" *e do* "***Senhor trabalhando conosco***".

Você já recebeu uma missão de Deus?

____

O que o Senhor o enviou a fazer?

____

Você tem a sensação de que Deus tem um propósito de missão maior para sua vida? Se sim, qual é esse propósito de missão?

____

____

____

Você às vezes sente que o propósito da missão de Deus para os outros é revelado a você?

____

____

4. Ativando alguns Dons ou Graça.

Outra área onde podemos observar e desenvolver nossa caminhada contínua com o Espírito Santo é pelo intenso desejo pessoal de desenvolver os dons do Espírito Santo em nossas vidas. Nós também crescemos e nos desenvolvemos quando os ativamos também naqueles ao nosso redor. Paulo fez isso com os crentes da igreja de Roma.

Romanos 1:11-12"Anseio vê-los, a fim de compartilhar

> com vocês algum dom espiritual, para fortalecê-los, isto é, para que eu e vocês sejamos mutuamente encorajados pela fé."

Os presbíteros também fizeram isto quando impuseram as mãos sobre Timóteo.

> *1 Timóteo 4:14* "Não negligencie o dom que lhe foi dado por mensagem profética com imposição de mãos dos presbíteros."

Atualmente, com quais dons você está se engajando e buscando ativamente?__

____

____

Você já sentiu que conhecia o dom de Deus na vida de outros crentes?

____

Você já lhes contou o que sentiu que Deus lhe mostrou?

____

Com que frequência você impõe as mãos sobre outros crentes para lhes transmitir algum dom espiritual?

____

Você tem o desejo de ser mais usado por Deus nesta área? ____

5. Poder e Presença do Espírito Santo

Reconhecer o poder do Espírito Santo na vida de alguém é ***essencial*** para uma ***caminhada prolongada e permanente*** no poder do Espírito Santo. Por um lado, a ***consciência e o reconhecimento*** do ***poder do Espírito Santo nos protege*** de pensar que são nossas habilidades **sobre-humanas** que nos permitem ***funcionar de forma sustentável*** em um ritmo elevado e, simultaneamente, estar espiritualmente alerta e capaz de ***ministrar durante horas em diferentes circunstâncias e***

situações. Por outro lado, este reconhecimento e consciência ***mantém nossa confiança e dependência de Seu grande poder.***

> ***Atos 1:8*** "Mas receberão poder quando o Espírito Santo descer sobre vocês, e serão minhas testemunhas em Jerusalém, em toda a Judéia e Samaria, e até os confins da terra".

Jesus prometeu que nós "***receberemos Poder quando o Espírito Santo***" vier sobre nós. Quanto mais as pessoas reconhecem e caminham no Poder do Espírito Santo, mais as vemos aproveitar ***corajosamente cada oportunidade*** para ***dar testemunho de sua fé inabalável em Jesus.***

Somos capazes de ministrar dias a fio, hora após hora, por causa do grandioso Poder do Espírito Santo. Ele nos permite manter um contínuo alerta espiritual para ministrar no Espírito Santo aos que estão à nossa frente. Esta foi a experiência na vida de Jesus, de Seus discípulos e daqueles que ao longo dos anos mantiveram uma caminhada íntima na presença e no poder do Espírito Santo.

> ***Lucas 5:17****, grifo do autor"Certo dia, quando ele ensinava, estavam sentados ali fariseus e mestres da lei, procedentes de todos os povoados da Galileia, da Judeia e de Jerusalém.* **E o poder do Senhor estava com ele para curar os doentes.**"

Jesus reconheceu o poder do Espírito Santo para curar as pessoas. E o resultado foi que muitos receberam sua cura naquele dia.

> ***Lucas 6:19***"e todos procuravam tocar nele, porque dele saía poder que curava todos."

Num momento ministramos uma cura, no momento seguinte expulsamos demônios, no outro operamos com o dom da fé ou operamos milagres, no próximo ministramos uma palavra de sabedoria ou uma palavra de conhecimento, e no intervalo mantemos um grupo de pessoas concentrado em Sua presença e poder em operação. Isto só é possível se o nosso fluir estiver subordinado ao Espírito Santo.

Você já sentiu o poder do Espírito Santo na sua vida? __

Com que frequência você tem consciência de Seu poder na sua vida?

____

O que mais lhe ajudaria a atrair o poder e a presença do Espírito Santo na sua vida?

____

____

____

Do que você se tornou consciente quando o Poder do Santo Espírito veio sobre você?

____

____

____

Você já teve ciência de várias obras do Espírito Santo quando você ministra?

____

____

____

Que diferença o poder do Espírito Santo fará em sua vida?

____

____

6. A Obra do Espírito Santo

O Espírito Santo é surpreendente e reconhece Sua obra onde quer que estejamos certamente nos permitirá ter uma experiência mais plena e completa – uma experiência de Sua presença e imenso poder.

- Às vezes Ele deseja **comissionar pessoas** para o serviço, como foi o caso na igreja em Antioquia, quando o Espírito Santo falou e separou Paulo e Barnabé para o trabalho para o qual Ele os chamou.
- Por vezes o Espírito Santo quer ***curar e restaurar*** as pessoas ***espiritualmente, emocionalmente, fisicamente, em seus relacionamentos ou até mesmo em termos de nação.*** A menos que estejamos atentos ao trabalho que o Espírito Santo faz em um lugar, poderemos falhar em cooperar com Ele.
- Às vezes a ***convicção do Espírito Santo*** é forte em um lugar e muitos serão salvos se nos sintonizarmos e fluirmos com Ele.
- Às vezes, a ***obra santificadora*** do Espírito Santo é forte em uma reunião. Ao declararmos o propósito avassalador da Presença do Senhor em um lugar muitas vezes isso ativa e libera essa operação para realizar coisas tremendas na vida das pessoas.

Para desfrutar de uma caminhada permanente no Espírito, somos obrigados a desenvolver uma consciência em todas essas áreas.

Você já sentiu o que o Espírito Santo queria fazer em uma reunião de crentes?

____

De que Ele lhe conscientizou?

____

____

Como você acha que pode se tornar mais consciente do que o Espírito Santo quer fazer ao seu redor?

____

Você acha que existe uma conexão entre as áreas nas quais você se sente confortável para ministrar e as áreas que você sente que o Espírito Santo quer ministrar?

7

PRATIQUE A HOSPITALIDADE

Um dos requisitos para ser um presbítero é que ele ou ela precisa ser ***hospitaleiro***.

Romanos 12:13, grifo do autor"Compartilhem o que vocês têm com os santos em suas necessidades. **Pratiquem a hospitalidade.**"

Essa instrução de Paulo aos romanos não foi uma sugestão, mas uma ordem clara. ***Pratique a hospitalidade!***

Como se pratica a hospitalidade?

- Praticamos a hospitalidade ***convidando pessoas para a nossa casa***. Você não pode começar a praticar sem pessoas.
- Escolha um dia quando você estiver mais relaxado, como em um sábado à tarde ou domingo à tarde.
- Comece convidando pessoas para tomar um café ou chá ***entre as refeições*** e, no máximo, alguns biscoitos. Isto poderia ser estendido a ***dois***, ou até ***mais casais ao mesmo tempo***.

- Aproveite este tempo para praticar suas "***perguntas de aprofundamento de relacionamento***" que exploramos durante o ***Curso de Líderes Pastorais.***
- Convidar as pessoas para jantar dá um resultado melhor com aqueles com quem já temos afinidade. É muito mais fácil recebermos as pessoas com quem é fácil manter uma conversa.
- As visitas à noite são ótimas, mas se você é novo nisso, esteja ciente de que esse tipo de convite muitas vezes se inclina para ser ***um convite – ainda que não falado – para jantar.***

Pode haver uma ***expectativa*** de que ***seja um convite implícito para jantar***, principalmente se você os convidou em um ***horário em que as pessoas de sua cultura normalmente jantam em casa.*** Isto será especialmente verdadeiro se você convidar as pessoas para uma visita à noite, e se o convite for feito para um fim de semana.

Amadureça a ideia antes de convidar as pessoas. Se você não se sente à vontade para receber, então talvez seja melhor deixar isso de lado até que você se sinta mais à vontade para praticar a hospitalidade durante um jantar. Esta é a maneira mais fácil de praticar a hospitalidade.

Hospedando anjos

> *Hebreus 13:2, grifo do autor* **"Não se esqueçam da hospitalidade; foi praticando-a que, sem o saber, alguns acolheram anjos."**

Este tipo de hospitalidade é, naturalmente, muito mais abrangente para o crente padrão, especialmente para aqueles de nações mais desenvolvidas. Este acolhimento de estranhos vem como um grande desafio para a maioria; no entanto, é exatamente para isso que o Senhor nos chama: para estarmos abertos a esta prática. Hospedar anjos vem com uma abertura para hospedar estranhos em primeiro lugar.

Este tipo de hospitalidade requer que hospedemos estranhos.

Quanto mais nos envolvemos com as pessoas e praticamos a hospitalidade, mais podemos, inesperadamente, ser chamados a demonstrar hospitalidade. Esta passagem é uma Escritura surpreendente porque nos abre a possibilidade muito real de hospedarmos Anjos.

Você não adoraria receber um anjo em sua casa?

A única maneira de desfrutarmos do privilégio de hospedar um anjo é estando aberto a estendermos nossa hospitalidade a estranhos, mesmo quando isso talvez não aconteça em um momento conveniente. O Apóstolo Pedro é bastante franco sobre essa disciplina necessária para os crentes praticarem.

> ***1 Pedro 4:9***"*Sejam mutuamente hospitaleiros, sem reclamação.*"

Somos encorajados a demonstrar hospitalidade uns aos outros, sem reclamar.

Quem seriam esses "uns aos outros"?

Esse "***uns aos outros***" começa com os ***outros crentes***. Mostrar hospitalidade é possivelmente um dos ***maiores sinais*** de que ***você não vive apenas para si mesmo***, uma vida egoísta e egocêntrica, mas ***para o benefício*** e ***encorajamento dos outros.*** Eu amo a maneira como a Bíblia Amplificada explica isso.

> ***1 Pedro 4:9, AMP,*** *livre tradução, grifo do autor*"**Pratiquem a hospitalidade uns para os outros**, [especialmente para os da casa da fé.] [Seja hospitaleiro,

> ame os estranhos, com afeto fraterno pelos hóspedes desconhecidos, os estrangeiros, os pobres, e todos os outros que vêm ao seu encontro que são do corpo de Cristo]. E [em cada ocasião] faça-o sem rancor [cordialmente e graciosamente, sem reclamar, mas como representante d'Ele]"

Três pontos ficam evidentes para mim nessa passagem:

- ***Primeiro***, o termo **"uns aos outros" significa** principalmente "***a casa da fé***", irmãos crentes.
- Em ***segundo*** lugar, a extensão para incluir "***estranhos, hóspedes desconhecidos, estrangeiros, os pobres*** e todos os outros que vêm em seu caminho" mostra o quanto precisamos estar abertos para sermos hospitaleiros.

Não sei quanto a você, mas só de falar sobre isso, e de explorarmos isso juntos eu fico ansioso, mas é exatamente isso que Deus quer de nós.

- Em ***terceiro*** lugar, este versículo nos exorta a praticar esta hospitalidade aberta "***de bom grado***". Isto é: ***sem reclamações, gemidos e lamentações.***

Deveríamos estar abertos para oferecer hospitalidade a todos esses estranhos, ***sem nos queixarmos***, mas "***cordialmente e graciosamente***", como verdadeiros representantes de Cristo, como se estivéssemos recebendo a Ele próprio.

Não posso deixar de pensar em uma mensagem que ***Cristo*** trouxe uma vez, quando ***elogiou Seus justos por hospedá-Lo, alimentá-Lo e vesti-Lo.*** Lemos a descrição completa dessa demonstração de hospitalidade no capítulo 25 de Mateus.

> ***Mateus 25:35-36****, grifo do autor*"Pois **eu tive fome**, e vocês

> me deram de comer; **tive sede**, e vocês me deram de beber; **fui estrangeiro**, e vocês me acolheram; **necessitei de roupas**, e vocês me vestiram; **estive enfermo**, e vocês cuidaram de mim; **estive preso**, e vocês me visitaram."

Eles ficaram espantados por Ele os ter elogiado por coisas que eles nem sequer pensaram que haviam feito. Eles O interromperam imediatamente para perguntarem quando eles haviam feito essas nobres tarefas. A Bíblia nos conta de seu espanto ao indagarem ao Senhor:

> *Mateus 25:37-39, grifo do autor*"Então os justos lhe responderão: '**Senhor, quando te vimos com fome e te demos de comer, ou com sede e te demos de beber?** Quando te vimos como estrangeiro e te acolhemos, ou necessitado de roupas e te vestimos? Quando te vimos enfermo ou preso e fomos te visitar?"

A resposta do Senhor deve nos inspirar ainda mais a intensificar a nossa prática da hospitalidade. Ele respondeu ao espanto deles dizendo:

> *Mateus 25:40, grifo do autor*"O Rei responderá: '**Digo-lhes a verdade: O que vocês fizeram a algum dos meus menores irmãos, a mim o fizeram**'."

A hospitalidade está, em resumo, definida dentro destas poucas instruções das Escrituras:

- *Alimente os famintos*
- *Dê de beber* a quem tem sede

- ***Ofereça um lugar para dormir*** aos que precisam de um lugar para ficar
- ***Vista os que precisam de roupas***
- ***Visite** os **doentes** e **os presos***

Oferecer hospitalidade para com esses "***menores***" é tão bom quanto oferecer hospitalidade ao próprio Jesus. É um gesto notado e apreciado por Jesus. Não é de se admirar que um dos requisitos para se exercer cargos de liderança na igreja local seja a "***hospitalidade***".

O apóstolo Paulo ensinou este princípio a seu filho espiritual, Timóteo.

> *1 Timóteo 3:2, grifo do autor*"**É necessário, pois, que o bispo seja** irrepreensível, marido de uma só mulher, moderado, sensato, respeitável, **hospitaleiro** e apto para ensinar".

Quais são algumas outras formas práticas de nos tornarmos mais hospitaleiros?

- Poderíamos ser ***mais hospitaleiros*** tendo uma ***casa limpa** e **sempre aberta*** para aqueles que precisam vir para ***uma conversa, uma oração ou alguma ministração.***
- Manter sua ***casa limpa e apresentável*** é sempre uma ***boa indicação** da **sua dedicação para manter uma boa disciplina.***
- Oferecer um ***copo de água na chegada*** dá sempre uma ***ótima impressão da sua hospitalidade.***
- Você ***não precisa*** necessariamente ***cozinhar toda vez*** que as pessoas forem à sua casa, mas um simples ***copo de água*** quando elas chegarem contribui muito para sua imagem de ***bom anfitrião.***

> ***Mateus 10:24**, grifo do autor*"**E se alguém der mesmo que seja apenas um copo de água fria a um destes**

pequeninos, porque ele é meu discípulo, eu lhes asseguro que não perderá a sua recompensa".

- **A limpeza e a hospitalidade são dois elementos essenciais para a prática de cada aspirante a Líder Cristão.**

Sempre me lembro de uma coisa que meu pai me ensinou:

A Limpeza está ao lado da Divindade!

Ele sempre fez uma **conexão** entre a forma como as **pessoas mantêm seus sapatos, e a caminhada delas com Deus.** Ele dizia o seguinte: "Se elas **não têm tempo para limpar seus sapatos, provavelmente também não têm tempo para manter uma vida limpa e consagrada**".

Portanto, **sapatos limpos, roupas limpas e bem passadas, uma casa limpa, pratos limpos, um jardim limpo, canteiros bem cuidados, escritórios limpos**, são todos **bons indicadores do preparo para receber pessoas**, e da limpeza com a qual mantemos nossas vidas.

Você pode estar disposto a ***receber pessoas***, mas ***elas podem recusar*** o convite quando souberem que podem ter que ***lidar com sujeira, animais não cuidados e uma casa desleixada.*** Em suas mentes, até mesmo o banco do parque local poderia ser uma opção mais limpa e segura. Que isto não seja verdade na sua vida ou na minha, que possamos ser limpos e devotos.

Uma ***sugestão*** final para ser um ***ótimo anfitrião*** diz respeito à ***oração.***

- ***Ofereça sempre uma oração antes de seus convidados deixarem a sua casa.***

Ore, pelo menos, ***a bênção de Aarão*** sobre seus convidados, mas principalmente ***ore para que o Senhor vá com eles. Abençoe-os*** em todos os seus caminhos. ***Abençoe suas famílias, seus trabalhos, suas finanças, para a honra do Senhor. Ore*** pela ***proteção*** de Deus sobre eles, e por ***Sua provisão*** para eles. Muitas vezes eu tomo um pouco mais de tempo e ***oro*** também **algum** ***salmo***, como por exemplo o ***salmo 23*** sobre eles. Que eles partam com a ***bênção de Deus*** sobre suas vidas.

Que eles sempre **associem** as visitas que lhe fazem ao ***seu ministério espiritual*** e com "***aquela oração***" que você fez por eles. "***Sê tu uma benção!***".

É ***ótimo*** poder ***servir algo para comer***, se estiver dentro de suas possibilidades, mas ***isto não é o que o qualificará ou desqualificará*** como um bom anfitrião. ***Ser um ótimo companheiro e oferecer uma linda recepção são maravilhosos***, mas o que eu acredito que ***Deus realmente quer*** é que façamos um ***depósito espiritual em suas vidas*** que ***será lembrado por muito tempo além da comida e do companheirismo.***

Conclusão

Esta etapa realmente o ajudará *a* ***tornar-se um líder de categoria internacional***, em forma e preparado para liderar na linha de frente. É uma jornada emocionante, e durante esta fase você verá ***seus discípulos se tornarem verdadeiros filhos e filhas espirituais, atingirem a maioridade*** e desejarem aprender a ***levar os valores e princípios*** para a ***próxima geração.*** É ***somente quando seus discípulos começarem a colocar as coisas em prática*** que você ***considerará este passo de imenso valor.***

Assimilação dos Passos para a Ação

1. 1. Como praticamos a hospitalidade? *Convidando pessoas para a nossa casa. Convidando as pessoas para tomar café ou chá. Convidando as pessoas para as refeições. Praticando nosso uso de perguntas sobre o "aprofundamento de relacionamentos".*
2. O momento dos convites para visitas à noite precisam ser bem pensados. Por quê? *Os convites para visitas à noite podem ser vistos como convites implícitos para o jantar*.
3. Hospedando anjos. Em que situações é mais provável que hospedaremos anjos? *Somente quando abrimos nossas casas para estender a hospitalidade a estranhos.*
4. 1 Pedro capítulo 4, versículo 9 nos aconselha a oferecermos hospitalidade, mas sem fazer o quê? *Reclamar*.
5. Qual é outro princípio que aprendemos sobre nós mesmos através desse versículo? *Aprendemos que devemos deixar de viver só para nós mesmos, e viver mais para as necessidades e o benefício dos outros*.
6. A quem, principalmente, a expressão "uns aos outros" se refere nesse versículo? *Á família dos crentes*.
7. Na versão da Bíblia Amplificada aprendemos que nossa hospitalidade também precisa ser estendida a outros. Quem são esses outros? *Os outros se referem a estranhos, convidados desconhecidos, estrangeiros, pobres e aqueles que cujos caminhos se cruzam com os nossos*.
8. Jesus resumiu a extensão da hospitalidade em Sua mensagem em Mateus 25 versículos 35 a 40. Cite pelo menos três coisas que os justos fizeram e pelas quais Jesus os elogiou. *Eles foram elogiados por O terem alimentado, dado algo para Ele beber, por O terem vestido, por O terem convidado a entrar mesmo sendo Ele um estranho para eles, por O haverem visitado enquanto Ele estava doente, e por O haverem visitado na prisão*.

9. Qual é a coisa mais simples que podemos oferecer às pessoas para demonstrar-lhes hospitalidade? *Podemos oferecer-lhes um copo de água*.
10. Complete a frase: *A__________ está ao lado da Divindade!*
11. Ao que devemos dar especial atenção na limpeza para podermos receber bem as pessoas? *À nossa casa como um todo, aos nossos pratos, nosso jardim, nossas roupas, sapatos e escritório.*
12. Qual é uma boa prática que devemos ter, antes que os visitantes saiam de nossas casas? *Devemos orar abençoando nossos convidados antes que eles saiam de nossas casas*.

NOTAS

1. Caminhe com um Propósito

1. Dicionário Online Merriam-Webster, tradução livre

5. Caminhe com Dignidade

1. Dicionário da língua Grega Strong, Biblehub.com

OUTROS LIVROS DO DR. HENDRIK J VORSTER

Plantação de igrejas - Dr Hendrik J Vorster

Plantação de igrejas - Como plantar uma igreja dinâmica

Por Dr Hendrik J Vorster

Este é um manual para aqueles que desejam plantar uma igreja discipulada. Este livro explora todos os aspectos da plantação de igrejas, e é amplamente utilizado em mais de 70 Nações em 6 Continentes.

Aqui está uma lista das áreas que são exploradas:

1. O desafio de plantar Novas Igrejas
2. Fases da Plantação de Igrejas
3. Primeira Fase da Plantação de Igrejas - A Chamada, Visão e Fase de preparação
4. O Chamado à Plantação de Igrejas
5. Doze Características de Líderes de Plantação de Igrejas

6. Terminologia de Plantação de Igrejas

7. Segunda Fase da Plantação de Igrejas - Discipulado

8. O Processo de Discipulado

9. Fase Três de Plantação de Igrejas - Congregação dos Grupos de Discipulado

10. Compreender as Finanças da Plantação de Igrejas

11. Compreender o pessoal da Igreja

12. Fase Quatro de Plantação de Igrejas - Desenvolvimento do Ministério e Fase de Lançamento da Igreja

13. Sistemas de compreensão e implementação

14. Fase Cinco de Plantação de Igrejas - Multiplicação

15. Compreender os desafios na Plantação de Igrejas 16. Como ter sucesso na Plantação de Igrejas

17. Como plantar uma igreja doméstica

Apostilas e Vídeo Ensinamentos estão disponíveis,para compra, de www.discipleshipcourses.com, nosso site:

Plantação de Igrejas Livro Prático - Dr Hendrik J Vorster

www.churchplantinginstitute.com ou em www.amazon.com-

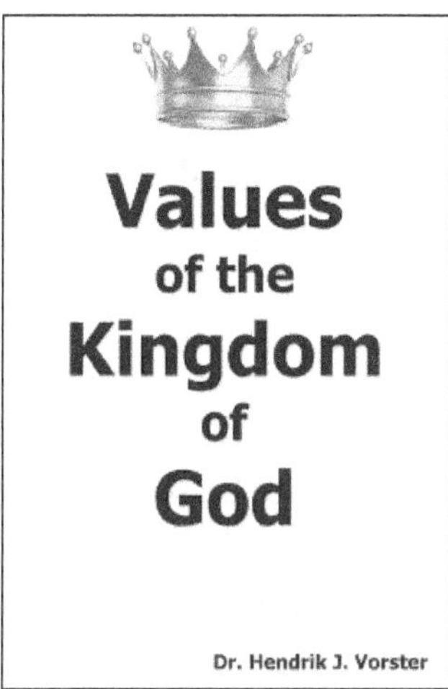

Valores do Reino de Deus - Dr Hendrik J Vorster

Valores do Reino de Deus

Por Dr. Hendrik J Vorster

Todos desejam ser conhecidos como um agradável estar por perto com o tipo de pessoa. Este livro ajuda-o a desenvolver valores para um carácter tão piedoso. Este livro explora 52 Valores do Reino de Deus.

Estes Livros estão disponíveis em: www.churchplantinginstitute.com ou em www.amazon.com

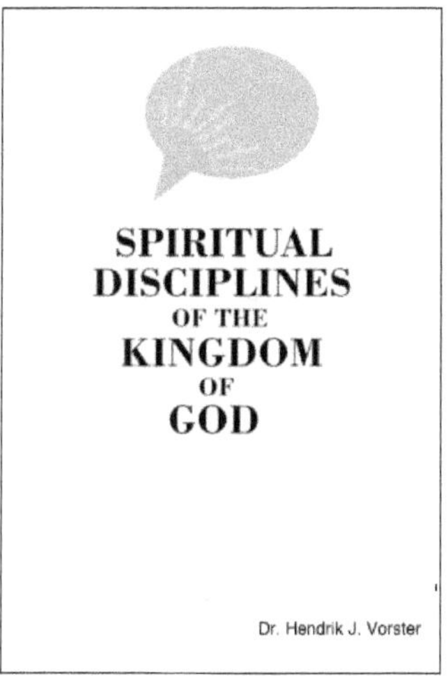

Disciplinas Espirituais do Reino de Deus - Dr Hendrik J Vorster

Disciplinas Espirituais do Reino de Deus

Por Dr. Hendrik J Vorster

Todo o crente deseja ser um ramo produtor de fruta no quintal do nosso Senhor. Desenvolver disciplinas espirituais é desenvolver raízes espirituais das quais a nossa fé pode tirar seiva para cultivar ramos fortes e frutíferos. Este Livro explora Nove Disciplinas Espirituais do Reino de Deus.

Estes Livros estão disponíveis em: www.churchplantinginstitute.com ou em www.amazon.com

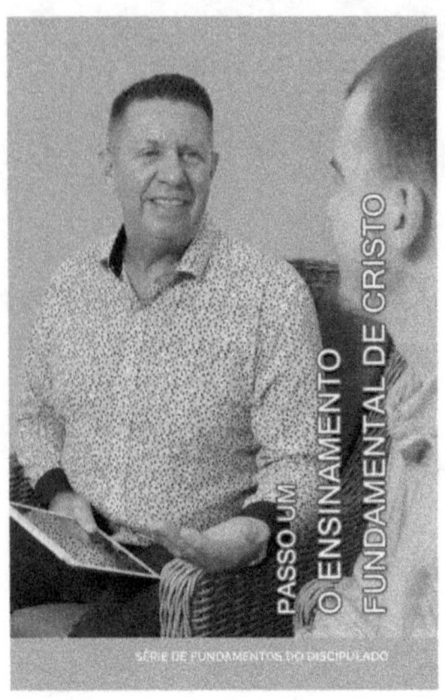

Passo Um - O Ensinamento Fundamental de Cristo - Dr Hendrik J Vorster

Série de Fundamentos do Discipulado - Passo Um - O Ensinamento Fundamental de Cristo

Por Dr. Hendrik J Vorster

Este Curso explora o "Como nascer de novo" e para estabelecer uma base sólida para a vossa fé em Jesus Cristo.

É baseado no capítulo 6: 1 & 2 de Hebreus, e explora:

- Arrependimento de obras mortas,
- Fé em Deus,
- Baptismos,
- Imposição de mãos,
- Ressurreição dos mortos,
- Julgamento Eterno.

Os Manuais e Materiais de Ensino em Vídeo estão disponíveis para compra, a partir de www.discipleshipcourses.com o nosso website: www. churchplantinginstitute.com ou em www.amazon.com

Passo Dois - Valores e Disciplinas Espirituais - Dr Hendrik J Vorster

Série de Fundamentos do Discipulado - Passo Dois - Valores e Disciplinas Espirituais

Por Dr. Hendrik J Vorster

Este Curso explora o "**Como**" **desenvolver disciplinas espirituais**, assim como **52 Valores** que Jesus ensinou. Baseia-se nos ensinamentos de Jesus aos seus Discípulos, e explora:

Disciplinas Espirituais

As disciplinas que exploramos são: Leitura, meditação da Palavra de Deus, Oração, Mordomia, Jejum, Servilismo, Simplicidade, Adoração, e Testemunhar.

Valores do Reino de Deus

Humildade, Luto, Mansidão, Paixão Espiritual, Misericórdia, Pureza, Pacificador, Resistência Paciente, Exemplo, Guardião, Reconciliador, Resolução, Amor, Discrição, Perdão, Investidor do Reino de Deus, Mente de Deus, Prioritário do Reino de Deus, Introspectivo, Persistente, Atencioso, Conservador, Fruteiro, Praticante, Responsabilização, Fidelidade, Desconfiança, Unidade, Servidão, Lealdade, Gratidão, Mordomia, Obediência, Cuidado, Compaixão, Cuidado, Confiança, Firmeza, Consentimento, Ensinável, Deferência, Diligência, Confiança, Gentileza, Discernimento, Verdade, Generosidade, Bondade, Vigilância, Perseverança, Honra e Submissividade.

Os Manuais e Materiais de Ensino em Vídeo estão disponíveis para compra, a partir de www.discipleshipcourses.com o nosso website: www. churchplantinginstitute.com ou em www.amazon.com

Passo Três - Desenvolver o Dom e as Competências - Dr Hendrik J Vorster

Série de Fundamentos do Discipulado - Passo Três - Desenvolver o Dom e as Competências

Por Dr. Hendrik J Vorster

Este curso é realizado através de **cinco encontros de fim-de-semana.** Estes encontros de fim-de-semana foram concebidos para ajudar os Discípulos a descobrir os seus dons espirituais, bem como para aprender a usar os seus dons, e a servir o Senhor para a extensão do Seu Reino. Os Encontros de fim-de-semana são:

Encontro de Descoberta de Presentes

Aprendemos sobre presentes do Gabinete Ministerial, presentes de serviço, e presentes espirituais sobrenaturais. Descobrimos os nossos, e depois aprendemos como os podemos utilizar para construir a Igreja local.

Levantamento do Encontro Bíblico de Fim-de-Semana

Durante este fim-de-semana fazemos um levantamento da Bíblia, desde o Génesis até ao Apocalipse. Aprendemos também sobre a História da Bíblia, bem como como podemos fazer a maior parte do nosso tempo na Palavra.

Partilhando o seu Encontro de Fim-de-Semana de Fé

Durante este fim-de-semana, aprendemos sobre a mensagem do Evangelho, **e como partilhar eficazmente a nossa fé.**

Encontro de fim-de-semana de superação

Durante este fim-de-semana lidamos com aqueles cardos e espinhos que sufocam o crescimento e colheita da boa semente semeada nas nossas vidas. Abordamos Como superar o medo, o imperdoável, a luxúria e os cuidados do mundo com fé e obediência.

Encontro de Fim-de-Semana de Líderes Pastores

Durante este encontro de fim-de-semana aprendemos sobre ser um Bom Pastor, e como melhor discípulo num pequeno grupo.

Os Manuais e Materiais de Ensino em Vídeo estão disponíveis para compra, a partir de www.discipleshipcourses.com o nosso website: www. churchplantinginstitute.com ou em www.amazon.com

Passo Quatro- Frutificação - Dr Hendrik J Vorster

Série de Fundamentos do Discipulado - Passo Quatro - Frutificação

Por Dr. Hendrik J Vorster

Fomos salvos para servir. Este curso foi concebido para mobilizar os Crentes, desde os Aprendizes aos Praticantes. Estas sessões foram preparadas para uso individual, com aqueles que estão a dar frutos, e que querem produzir mais frutos. O desenvolvimento destas áreas de forma sustentada e sistemática garantirá tanto a frutificação como a multiplicação. A atenção a estas áreas irá assegurar que produzam frutos duradouros.

Exploramos:

1. Introdução.
2. Caminhando com propósito.
3. Construir relações de propósito. Encontrar Homens dignos de valor
4. Sacerdócio. Rezar eficazmente por aqueles que lhe são confiados. 5. Cuidar compassivamente.
6. Caminhando dignamente.
7. Caminhando no Espírito.
8. Praticar a hospitalidade.

Os Manuais e Materiais de Ensino em Vídeo estão disponíveis para compra, a partir de www.discipleshipcourses.com o nosso website: www. churchplantinginstitute.com ou em www.amazon.com

Passo Cinco - Multiplicação - Dr. Hendrik J Vorster

Série de Fundamentos do Discipulado - Passo Cinco - Multiplicação

Por Dr Hendrik J Vorster

Este curso foi concebido para ajudar os discípulos para ser frutuoso e viver uma vida que encorajará uma vida de fecundidade. Também dará aos nossos discípulos competências e orientações para navegar pelos seus discípulos através de épocas de desafio e crescimento. Este curso está recheado de princípios de Liderança que avançam. Quanto mais estas áreas forem abordadas e encorajadas, tanto mais experimentaremos crescimento e multiplicação.

Exploramos:

1.Visão e sonhos.
2. Estabelecer objectivos divinos.
3. Desenvolvimento do carácter
4. Desenvolvimento de dones- Impartação e Activação
5. A fecundidade vem através de um desafio constante.
6. Relacionamentos - Família, Crianças e Amigos
7. O poder do encorajamento
8. Finanças - Finanças pessoais e do Ministério
9. Lidar com contratempos
- Como lidar com o fracasso?
- Como lidar com a traição?
- Como lidar com a rejeição?
- Como lidar com os julgamentos?

- Como lidar com o desânimo?

10. Recompensas eternas

Os Manuais e Materiais de Ensino em Vídeo estão disponíveis para compra, a partir de www.discipleshipcourses.com o nosso website: www. churchplantinginstitute.com ou em www.amazon.com

Desenvolvendo dons e Habilidades - Dr Hendrik J Vorster

Desenvolvendo dons e Habilidades

Por Dr Hendrik J Vorster

Esta série de cinco livros e um Manual do Professor foram desenvolvidos como um instrumento de formação para pastores, para equipar os seus membros para o trabalho do ministério. Pode ser oferecido como cinco encontros de fim-de-semana ou 23 sessões semanais. Foi concebido para ajudar os membros a descobrir os seus dons espirituais, bem como para aprender a utilizar esses dons. Oferece uma base bíblica sólida e também se concentra no ministério pessoal e restauração, mobilizando pessoas para servir o Senhor para a extensão do Seu Reino.

Encontro de dons Espirituais

Durante este curso, aprenderemos sobre Presentes de Gabinete Ministerial, Presentes de Serviço, e Presentes Espirituais Sobrenaturais. Descubra os seus próprios, e aprenda a usá-los para construir a igreja local.

Pesquisa Bíblica

Durante este curso, exploramos a Bíblia desde o Génesis até ao Apocalipse. Aprenda sobre a História da Bíblia, bem como como optimizar o tempo que passamos na Palavra.

Como Compartilhar a Sua Fé

Cada crente é chamado a partilhar a sua fé em Jesus Cristo. Durante este curso, aprenderemos a mensagem do Evangelho, e como partilhar eficazmente a nossa fé.

Lidando com Fortalezas

Durante este curso, iremos explorar como lidar com aqueles

cardos e espinhos que sufocam o crescimento e colheita da boa semente semeada nas nossas vidas. Aprenderemos a superar o medo, o imperdoável, a luxúria e os cuidados do mundo com fé e obediência.

Mentoria de Líderes

As pessoas vêm ao Senhor por causa do nosso testemunho, porque vêem a mudança que Deus trouxe nas nossas vidas. Durante este curso, aprenderemos a caminhar com aqueles que vêm a Cristo. Uma das coisas que aprenderemos é como nos tornarmos um bom pastor, como Jesus, e como melhor discipular as pessoas num pequeno grupo.

Série da Fundação Discipulado em Vídeo

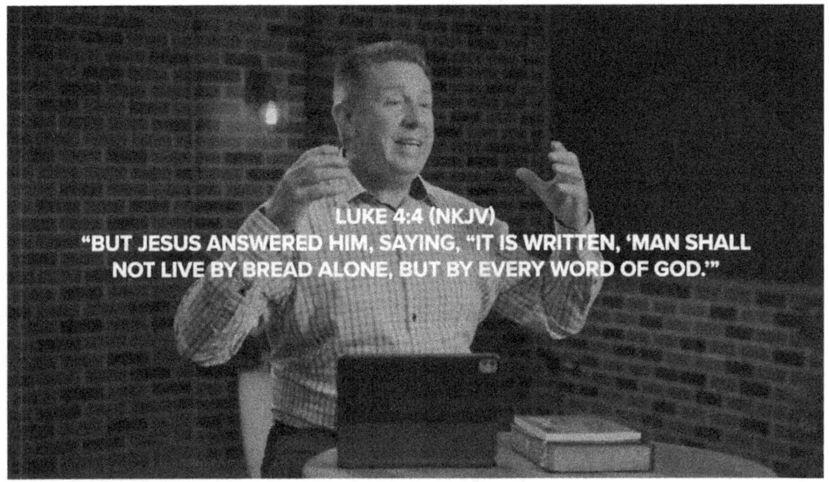

Ensino do Dr. Vorster via Vídeo

185 Videoconferências estão disponíveis para cada uma das Sessões ensinadas ao longo destes Cursos de Discipulado.

Temos Cinco, completamente gravados, Cursos de Discipulado disponíveis em Vídeo em www.discipleshipcourses.com

- **Passo Um - O Ensinamento Fundamental de Cristo** (Este **curso de 7 semanas** ajuda o novo crente a estabelecer, e a construir uma Fundação sólida para que a sua fé possa ser construída). Este curso está disponível, **sem custos,** mediante inscrição gratuita.
- **Passo Dois - Valores e Disciplinas Espirituais** (Este **Curso de 9 semanas** ajuda o jovem crente a baixar as Raízes Espirituais, estabelecendo disciplinas espirituais, e aprendendo os valores do Reino de Deus).
- **Passo Três - Desenvolver o Dom e as Competências**(Este Curso é normalmente apresentado durante **5 Encontros de Fim-de-Semana**, ou durante um **período de 23 semanas.** Exploramos os **Dons Espirituais** e Como

utilizá-los para construir a Igreja local. **Exploramos a Bíblia**, e as suas origens, durante uma parte para assegurar que construímos as nossas vidas com base no Manual da Bíblia. Aprendemos também como partilhar a nossa fé. Aprendemos como lidar com os redutos que nos podem impedir de cumprir o propósito de Deus. E, finalmente, aprendemos **como melhor Mentorar** aqueles a quem conduzimos a Cristo).

- **Passo Quatro** - Disciplinar os **Frutificação** (Durante este **curso de 8 semanas** aprendemos Como ensinar aos nossos Discípulos os princípios que irão desenvolver, e manter, a fecundidade).
- **Passo Cinco - Multiplicação** (Durante este **Curso de 11 semanas** aprendemos **Como Mentorar os nossos Líderes** para liderar os produtores de fruta fortes e saudáveis)

O registo gratuito para acesso a estes recursos de Vídeo está disponível em www.dicipleshipcourses.com

Vídeos de formação sobre Plantação de Igrejas

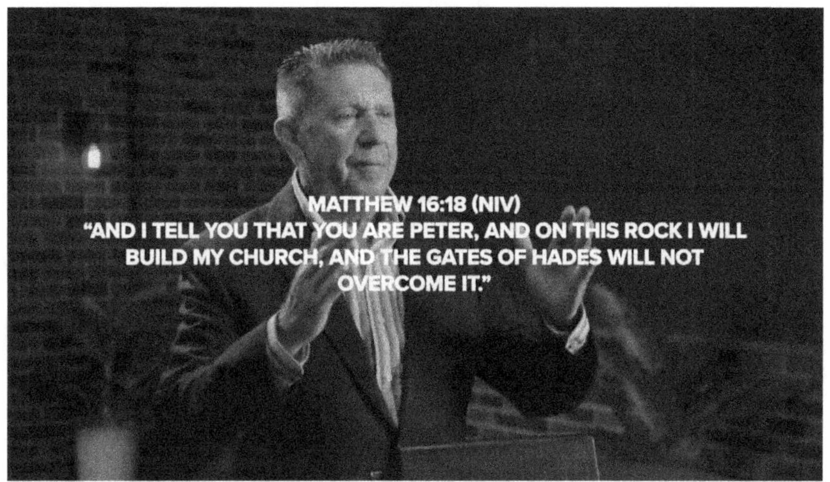

Ensino do Dr. Vorster via Vídeo

42 Videoconferências estão disponíveis neste **Curso de Plantação de Igrejas.**

- Introdução à Plantação de Igrejas
- Porquê plantar Novas Igrejas?
- Fases da Plantação de Igrejas Visão Geral
- Fase 1 - Fase de preparação
- Fase 2 - Fase de Construção de Equipas
- Fase 3 - Fase de pré-lançamento
- Fase 4 - Fase de Lançamento
- Fase 5 - Fase de Multiplicação
- Ensaios de plantação de igrejas
- Próximos Passos

A inscrição gratuita está disponível em www.discipleshipcourses.com

Estão disponíveis sessões de Coaching Avançado para aqueles que se inscreveram no Programa de Formação de Mestres.

www.ingramcontent.com/pod-product-compliance
Lightning Source LLC
LaVergne TN
LVHW011047110826
845149LV00015B/3385
* 9 7 8 1 9 5 7 6 2 6 1 9 2 *